INA THELEN
SANDRA BIENEK

MAGIC BAGS

NÄH EINE · TRAG ZWEI

15 TASCHEN, SO VIELE MÖGLICHKEITEN

VORWORT

Taschen kann man nie genug haben, oder? Umso besser, wenn aus einer gleich mehrere Varianten gezaubert werden können!

Möchten Sie morgens mit einem Shopper zur Arbeit gehen und am Abend mit einer eleganten Clutch beim Afterwork-Event beeindrucken? Ärgern Sie sich unterwegs auch manchmal darüber, nicht die Hände frei zu haben und wünschen sich eine Tasche, die Sie einfach auf den Rücken schnallen können?

Kein Problem: Wir stellen Ihnen in diesem Buch 15 stylische Modelle vor, die sich je nach Lust und Laune durch wenige Handgriffe an Ihre individuellen Bedürfnisse und Outfits anpassen lassen. Damit sind Sie im Alltag herrlich flexibel, das leidige Umräumen und Umdenken von einer Tasche zur anderen entfällt – und spart wertvolle Zeit. Zeit, die Sie direkt zum Nähen eines neuen Lieblingsstücks nutzen können. Praktisch, oder? Wir wünschen Ihnen viel Freude und gutes Gelingen beim Umsetzen Ihrer neuen Lieblingstasche!

INHALT

6 **Grundanleitung**

8 Nähmaschinenfüße
9 Nähmaschinennadeln
10 Steck- und Handnähnadeln
10 Klammern
10 Schneidewerkzeuge
11 Messwerkzeuge
12 Der Stoff
14 Der Zuschnitt
20 Maschine vorbereiten
22 Einfache Naht
24 Nahtzugaben beschneiden
25 Kanten versäubern und absteppen
26 Verschlüsse
27 Techniken
28 Reißverschluss einnähen
30 Knöpfe annähen
31 Paspeln
32 Kanten mit Schrägband einfassen
33 Tunnelzug nähen
34 Stoffstreifen wenden

36 **Modelle**

38 Metallic Style
42 Crazy Green
46 Pastelltraum
50 Alles im Griff
56 Like my Picture
60 Business Trip
66 Adding Bag
70 Auf und davon!
76 Konfettiregen
80 Beach Babe
86 Rainbow Colors
90 Shoppingfieber
96 Streifenliebe
102 Spin me around
106 Flowers & Stripes

GRUND ANLEITUNG

Prym
Handmaß • Hand gauge • Règlette

CA02776

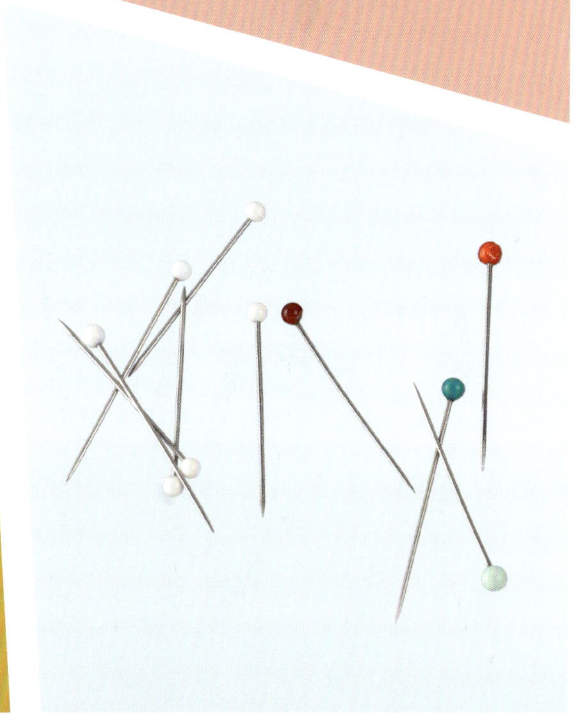

Nähmaschinenfüße

Der Nähfuß übt von oben Druck auf den Stoff aus und sorgt so dafür, dass dieser vom Transporteur während des Nähens gleichmäßig weiter geschoben werden kann. Neben dem Standardnähfuß, auch Normal- oder Allzwecknähfuß genannt, der im Zubehör jeder Nähmaschine enthalten ist, sind meist noch drei bis vier andere Nähmaschinenfüße beigelegt. Bei einigen Modellen findet sich auch ein Führungslineal, welches an der Nähfußhaltestange befestigt werden kann und hilft, die Breite einer Nahtzugabe exakt einzuhalten. Die verschiedenen Nähfüße ermöglichen die unterschiedlichsten Verarbeitungstechniken. Neben den mitgelieferten Füßen gibt es für die meisten Maschinen ein vielseitiges Sortiment als Sonderzubehör zu kaufen.

STANDARDNÄHFUSS
Der normale Fuß für Geradstich- und Zickzacknähte wird am häufigsten gebraucht.

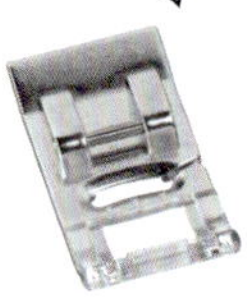

EINSCHRITT-KNOPFLOCHFUSS
Vereinfacht das Anfertigen von Knopflöchern. Der Knopf wird eingelegt und ein passendes Knopfloch kann automatisch in einem Schritt genäht werden.

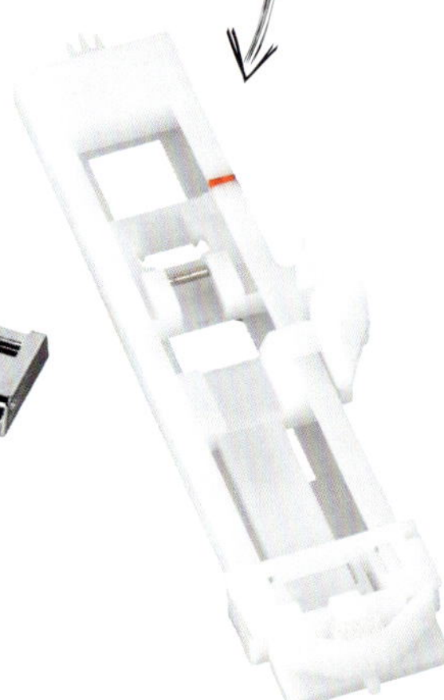

REISSVERSCHLUSSFUSS
Die spezielle Form ermöglicht das dichte Entlangsteppen rechts und links der Reißverschlusszähnchen oder entlang einer Paspelkante.

TEFLONFUSS
Zum Nähen von Kunstleder und Wachstuch. Durch die Beschichtung gleitet der Nähfuß problemlos über das Material und verhindert ein Verziehen der Schnittteile bei fehlendem Obertransport.

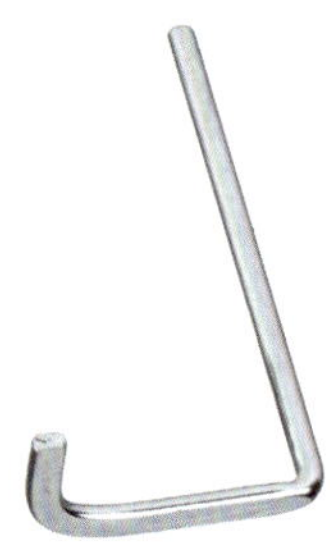

FÜHRUNGSLINEAL
Das Lineal ist hilfreich für gerades Nähen, Einhalten der exakten Naht- bzw. Saumzugabe und für gleichmäßige Abstände bei parallelen Stepp- und Ziernähten.

Nähmaschinennadeln

Im Laufe der Zeit nutzt sich eine Nadel beim Nähen ab, deshalb sollte sie regelmäßig ausgetauscht werden – nur eine einwandfreie Spitze führt saubere Stiche aus. Beim Kauf von Nadeln sollte darauf geachtet werden, dass sie dem Nadelsystem der Maschine entsprechen. Für Haushaltsnähmaschinen werden normalerweise sogenannte Flachkolbennadeln verwendet. Dieses Nadelsystem trägt die Bezeichnung 130/705. Auf dem abgeflachten Kolben ist die jeweilige Nadelstärke angegeben, die von sehr fein bis sehr dick reichen kann: Die Stärken 60, 70 und 75 werden für leichte Stoffqualitäten verwendet, 80 und 90 für mittlere Qualitäten und 100, 110 und 120 für schwere Qualitäten. Generell gilt, je feiner der Stoff, umso feiner sollte auch die Nadel sein. Bei der Wahl der richtigen Nadel spielt neben der Stärke aber auch die Spitze eine wichtige Rolle, denn unterschiedliche Stoffarten erfordern verschiedene Spitzenformen. Diese werden je nach Hersteller durch Buchstaben oder Farbmarkierungen am Schaft gekennzeichnet. So stehen z. B. „S" und „J" als Systemzusatzbezeichnung für Stretch und Jeans. Ledernadeln sind speziell geformt und ergeben ein besonders schönes Stichbild. Noch einige weitere Faktoren können die Entscheidung für eine bestimmte Nadel beeinflussen: Bei Verwendung eines dicken Garns, wie Knopfloch- oder Stickgarn, muss die Nadel ein größeres Öhr besitzen. Die Verwendung der richtigen Nadel ist für das Gelingen einer Näharbeit maßgeblich. Daher ist es sinnvoll, sich ein kleines Nadelsortiment für die gängigsten Näharbeiten zuzulegen.

ÜBERSICHT NÄHNADELN

STÄRKEN

60, 70, 75	Leichte Stoffqualitäten, z. B. Futterstoffe, Kunstseide
80, 90	Mittlere Stoffqualitäten, z. B. Canvas, Wachstuch, Kreativpapier, Velours-Stoff, Plüsch, Kunstleder, Vinylschutzfolie, Möbelstoff oder Kork
100, 110, 120	Schwere Stoffqualitäten, z. B. Segeltuch, Jeans

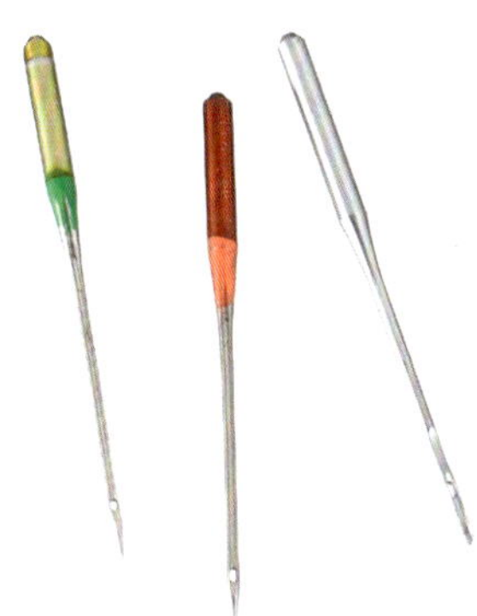

NADELARTEN

UNIVERSALNADEL mit normaler Spitze für nahezu alle gewebten Natur- und Synthetikstoffe
JEANSNADEL mit extrem schlanker Spitze für Denim, mittelschwere Stoffe wie Segeltuch, Jeans oder Wachstuch
LEDERNADEL mit geschliffener Dreikantspitze für Leder und Kunstleder

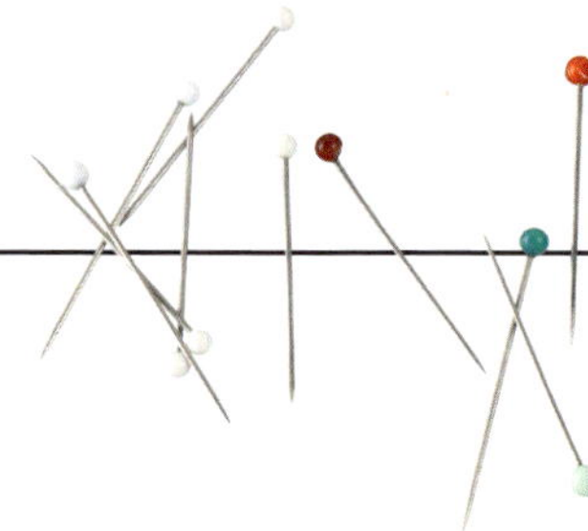

Steck- und Handnähnadeln

STECKNADELN

Stecknadeln gibt es in verschiedenen Stärken und Längen. Sie sollten aus rostfreiem Edelstahl sein. Nadeln mit Köpfen sind griffiger und besser zu sehen als jene mit flachem Metallkopf. Die runden Stecknadelköpfe bestehen aus Glas oder Plastik. Vorteilhaft sind die aus Glas, da sie beim Überbügeln nicht schmelzen können.

HANDNÄHNADELN

Da je nach Stoffart und Nähtechnik eine andere Nadel benötigt wird, ist es nützlich, sich ein kleines Sortiment an Handnähnadeln in verschiedenen Stärken und Längen und mit verschiedenen Spitzen zuzulegen. Für kleine Stiche ist eine kurze Nadel praktisch, für große Stiche eine lange Nadel. Je feiner der Stoff, desto dünner sollte die Nadel sein. Sticknadeln haben ein größeres Öhr, damit auch dickes Garn eingefädelt werden kann.

Klammern

Zum Fixieren von Kunstleder oder Wachstuch sind Stecknadeln nicht geeignet, da sie Löcher im Material hinterlassen und häufig nicht stabil genug für die festen Qualitäten sind. In diesen Fällen empfiehlt es sich, Nähklammern zu verwenden.

Schneidewerkzeuge

ZUSCHNEIDE-/SCHNEIDERSCHERE

Die asymmetrische Scherenform ermöglicht eine exaktere Schnittkante, weil das untere Blatt beim Schneiden flach auf dem Tisch aufliegt und so der Stoff wenig angehoben werden muss. Sie sind auch für Linkshänder erhältlich. Die Schere darf nicht für Papier oder andere Materialien verwendet werden, da sie sonst stumpf wird.

STICKSCHERE

Praktisch zum Abschneiden von Fäden und für feine Arbeiten wie das Einknipsen der Nahtzugabe an Stoffteilen. Linkshänder können alternativ einen Fadenclipper verwenden.

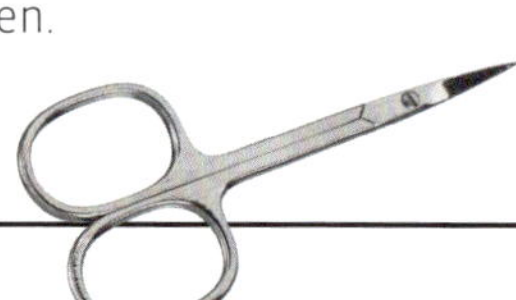

ZACKENSCHEREN

Zackenscheren eignen sich hervorragend zum Beschneiden der Kanten von wenig ausfransenden Stoffen – dadurch spart man sich das Versäubern mit der Nähmaschine. Sie können auch für wirkungsvolle Zierränder bei nicht gewebten Materialien wie Filz, Wachstuch und Leder eingesetzt werden.

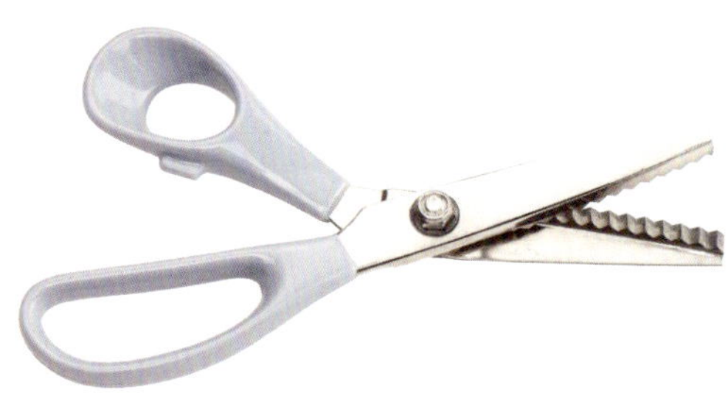

PAPIER- ODER ALLZWECKSCHERE

Zum Schneiden von Papier, Karton, Plastikfolie sowie Stoffteilen, die mit Vliesofix bebügelt sind.

ROLLSCHNEIDER

Mit dem Rollschneider können Stoffstreifen und geometrische Formen schnell und exakt zugeschnitten werden. Er ist in verschiedenen Größen erhältlich. Mit der gebräuchlichsten Größe von 4,5 cm Durchmesser lassen sich problemlos mehrere Stofflagen gleichzeitig durchschneiden. Kleine Klingen eignen sich ideal zum Schneiden von Rundungen. Wie für Zuschneidescheren gilt auch für Rollschneider – niemals für andere Materialien als Stoff verwenden. Die runde Klinge ist extrem scharf und sollte nach Gebrauch sofort wieder mit der Schutzvorrichtung abgedeckt werden. Um die Tischplatte zu schützen, sollte man immer eine spezielle schnittfeste Schneidematte unterlegen.

NAHTTRENNER

Muss eine Naht korrigiert werden, lässt sie sich mit einem Nahttrenner, auch Pfeil- oder Fadentrenner genannt, wieder auftrennen.

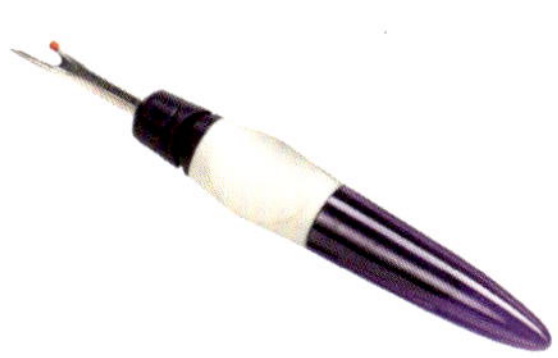

Messwerkzeuge

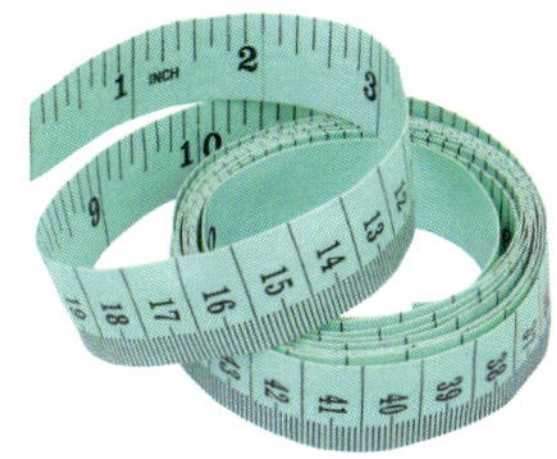

MASSBAND

Zum Abmessen von langen Strecken ist ein Maßband (Länge 1,50 m) hilfreich.

HANDMASS

Praktisch zum Abmessen kurzer Strecken und zum Einzeichnen der Nahtzugabe.

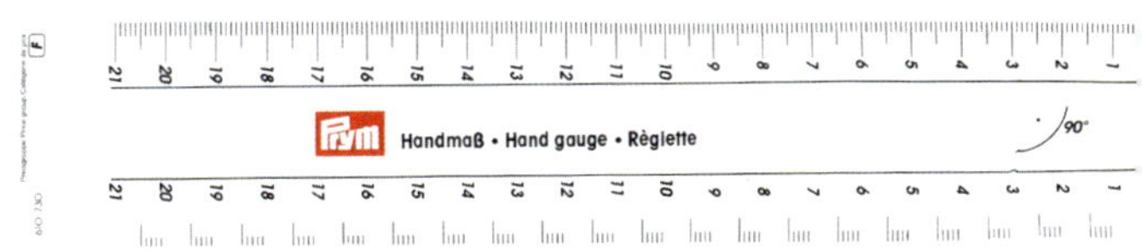

QUILTLINEALE

Die Lineale mit einem Linienabstand von 2,5 mm ermöglichen exaktes Abmessen und sind ideal zum Anzeichnen der Nahtzugabe. Mit den Winkelmarkierungen können geometrische Formen und Schrägstreifen zugeschnitten werden. Es gibt Ausführungen mit zwei Zahlenreihen, die sowohl für Linkshänder als auch für Rechtshänder geeignet sind. Das dicke stabile Acrylglas sorgt für die sichere Führung von Rollschneidern entlang der Kante.

GEODREIECK

Sehr praktisch um parallele Linien, z. B. für Saumzugaben, auf den Stoff zeichnen zu können.

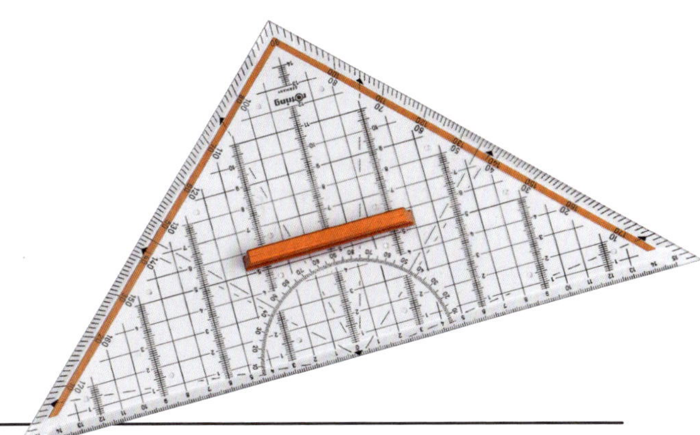

Der Stoff

STOFFVERBRAUCH

Bei den einzelnen Nähanleitungen gibt es eine Stoffempfehlung mit Angabe der benötigten Menge – wenn Sie einen Stoffrest in anderer Größe verwenden möchten, können Sie Ihre Schnittteile zunächst probeweise auslegen, um zu prüfen, ob er ausreichend ist.

Bei einigen Stoffen, z. B. mit ungleichmäßigen Karos oder Streifen, müssen beim Auflegen der Schnittteile alle eingezeichneten Fadenlauf-Pfeile in die gleiche Richtung zeigen, wodurch sich der Stoffverbrauch je nach Modellgröße erhöhen kann. Folgende Besonderheiten sind zu beachten:

STOFFE MIT MUSTERRICHTUNG

Einige Stoffe zeigen Motive wie z. B. Blumen, Tiere oder Ornamente, die in die gleiche Richtung ausgerichtet sind. Die Schnittteile müssen alle in einer Richtung auf den Stoff gelegt werden, sonst stehen einige Motive später am fertigen Modell auf dem Kopf. Weicht die Stoffauswahl bzw. das Stoffmuster vom in der Anleitung empfohlenen Material ab, kann sich der Stoffverbrauch erhöhen.

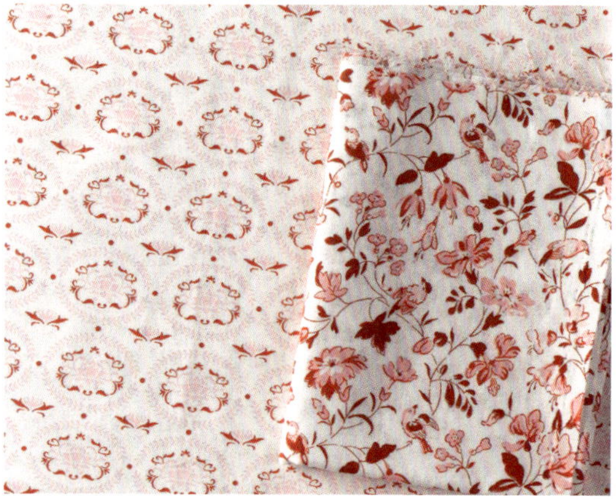

KARIERTE STOFFE

Bei gleichmäßigen Karos (im Bild unten) erlaubt das symmetrische Muster das Auflegen der Schnittteile in beide Richtungen. Bei ungleichmäßigen Karos (im Bild oben) treffen aber nicht alle längs verlaufenden Streifen aufeinander, daher die Schnittteile nur in einer Richtung auflegen. Beim Falten von Stoffen mit Karomustern darauf achten, dass die quer- und längsverlaufenden Streifen an den Nähten exakt und deckungsgleich aufeinander treffen.

GESTREIFTE STOFFE

Für gestreifte Stoffe gilt im Prinzip dasselbe wie für Karos. Haben die Stoffe ein asymmetrisches Streifenmuster (im Bild oben), können die Schnittteile nur in einer Richtung aufgelegt werden, bei gleichmäßigen Streifen (im Bild unten) in beide Richtungen.

STOFF VORWASCHEN

Bevor Stoff verarbeitet bzw. zugeschnitten wird, sollte er je nach Pflegeempfehlung gewaschen und gebügelt werden. Vor allem Baumwolle und Leinen können beim Waschen etwas einlaufen. Nicht waschbare Stoffe und Baumwollreißverschlüsse mit dem Dampfbügeleisen oder unter einem feuchtem Tuch überbügeln. Auch Bänder entsprechend vorbehandeln. Soll die Tasche später nicht gewaschen werden, ist das Vorbehandeln der Materialien nicht erforderlich.

Taschenteile aus Kreativpapier sollten nach dem Zuschnitt und unmittelbar vor der Verarbeitung in der Waschmaschine ohne Waschmittel im Programm „Spülen und Schleudern" gewaschen werden. Danach ist das Material geschmeidig und lässt sich leichter verarbeiten als in trockenem, starrem Zustand. Verarbeiten Sie das Kreativpapier, solange es feucht ist. Die Taschenteile nach der Wäsche durchkneten und die Tasche nach der Fertigstellung an trocknen lassen.

TIPP

Nähmaschinen mit einem eingebauten doppelten Stofftransport führen den Stoff gleichzeitig von oben und unten. Beim Nähen von Streifen- und Karostoffen sollte der Obertransport eingeschaltet sein, denn er verhindert das Verschieben der Stoffe und das Muster passt so an der Naht exakt zusammen.

Der Zuschnitt

DIE WICHTIGSTEN FACHBEGRIFFE

FADENLAUF

Bei gewebten Stoffen werden längs laufende Fäden Kettfäden, quer laufende Fäden Schussfäden genannt. Der Längsfadenlauf bezeichnet die Richtung des Kettfadens und verläuft parallel zu den Webkanten.

FÜSSCHENBREIT UND KNAPPKANTIG ABSTEPPEN

Beim füßchenbreiten Absteppen wird die Stoffkante exakt entlang der rechten Nähfußkante geführt. Beim knappkantigen Steppen wird ca. 1 mm von der Kante oder Naht entfernt genäht.

NAHT- UND SAUMZUGABE

Abstand zwischen Nählinie und Schnitt- bzw. Stoffkante. In der Anleitung wird unter „Zuschnitt“ angegeben, in welcher Breite Zugaben in den Schnittteilen bereits enthalten sind oder ob sie noch hinzugefügt werden müssen.

RECHTE UND LINKE STOFFSEITE

Die schöne Oberseite, die beim fertigen Modell außen zu sehen ist, wird als rechte, die Rückseite als linke Stoffseite bezeichnet. Bei Druckstoffen ist die Rückseite deutlich heller.

TIPP

Sind an einem Stoffrest keine Webkanten mehr zu sehen und ist der Fadenlauf schwer erkennbar, wenn möglich am Rand einen Gewebefaden anziehen, der dann die Richtung weist.

RECHTS AUF RECHTS

Ein Stoffteil wird mit der rechten Seite auf die rechte Seite eines anderen Stoffteils gelegt, die linken Stoffseiten zeigen also jeweils nach außen.

STEPPEN

Mit der Nähmaschine gerade Stiche nähen.

STOFFBRUCH

Ist nur der halbe Schnitt für ein symmetrisches Teil auf dem Schnittmusterbogen abgebildet, so ist die gerade Kante mit „Stoffbruch“ oder „Bruch“ beschriftet und durch eine gestrichelte Linie markiert. Um die fehlende Hälfte gegengleich und ohne Naht zu ergänzen, wird der Stoff vor dem Zuschnitt gefaltet bzw. doppelt gelegt. Die gerade Kante des Schnittteils wird nun genau an diesem Knick, dem sogenannten Stoffbruch angelegt und das Schnittteil aus der doppelten Stofflage ausgeschnitten. Der Stoffbruch entspricht gleichzeitig dem geraden Fadenlauf.

UMBRUCHLINIE

Entlang dieser Linie wird ein Stoffteil „umgebrochen“ bzw. umgefaltet; die Stoffseiten liegen dann links auf links.

WEBKANTE

Beim Weben eines Stoffs entstehen seitlich in Längsrichtung die Webkanten, die parallel zum Längsfadenlauf liegen. Die Webkanten sind sauber abgeschlossen und fransen im Gegensatz zu Schnittkanten nicht aus. Da sie in der Regel etwas fester sind als der restliche Stoff, sollten sie, außer als Nahtzugabe, beim Zuschneiden nicht mit einbezogen werden. Manchmal sind auf den Webkanten Angaben des Herstellers aufgedruckt, teils in bunten, dekorativen Schriftzügen – sie können als Ziereffekt am Nähobjekt eingesetzt werden.

SCHNITTMUSTER ABPAUSEN

Um Platz zu sparen, sind die Schnittmuster auf den Bogen überlappend mit Schnittmustern anderer Modelle aufgezeichnet. Aus diesem Grund spezielles Schnittmusterpapier auf die Vorlage bzw. das Muster legen; Seiden-, Butterbrot- oder Transparentpapier sind auch geeignet.
Mit Filz- oder Bleistift alle zu einem Modell gehörigen Linien, Markierungen und Beschriftungen der einzelnen Teile nachzeichnen. Anschließend die Schnittteile ausschneiden. Werden Vorlagen mehrmals verwendet, kann man zur Verstärkung die Rückseite mit dickerem Papier, z. B. Packpapier, bekleben. Für kleinere Motive kann eine Schablone aus Pappe sehr praktisch sein. Die Konturen einfach mithilfe von Pauspapier auf stabile Pappe übertragen. Oder Schablonenfolie auf die Vorlage legen und Konturen mit feinem Folienstift (Permanentmarker) übertragen. Dann die Schablone sorgfältig ausschneiden.

TIPP

Bei Druckstoffen verläuft das Muster nicht immer exakt mit dem Querfadenlauf; besonders bei grafischen und großen Mustern kann das optisch auffallen. Soll das Muster am Modell gerade verlaufen, orientiert man sich beim Zuschnitt mehr an der Musterrichtung als am Fadenlauf.

SCHNITTTEILE AUFLEGEN

Den Stoff ggf. bügeln, dann schön glatt zurechtlegen. Bei Canvas, Möbelstoff, Baumwoll- und Futterstoffen darauf achten, dass alle Schnittteile im richtigen Fadenlauf auf dem Stoff Platz haben. Bei elastischem Kunstleder muss das Schnittteil so aufgelegt werden, dass der Stretch nicht in die Länge, sondern in die Breite des Schnittteils geht, also rechtwinklig zum Fadenlauf des Schnittmusters verläuft. Bei nicht gewebtem Material wie Wachstuch, nicht elastischem Kunstleder, Kork, PVC-Folie oder Kreativpapier muss keine Rücksicht auf den Fadenlauf, sondern ggf. nur auf das Muster genommen werden. Auf Velours-Stoff und Plüsch werden die Schnittmuster so aufgelegt, dass der Flor glatt nach unten verläuft; dabei sollte man darauf achten, dass alle Schnittteile in derselben Richtung zugeschnitten werden, um unterschiedliche Farbhelligkeit zu vermeiden (aufgestellter Flor ist dunkler als glatt gestrichener).

Die Schnittteile werden immer auf der linken Stoffseite aufgelegt, sodass dort auch Zugaben und Markierungen angezeichnet werden können. Große Teile zuerst, kleinere danach auflegen. Falls Naht- und Saumzugaben noch nicht im Schnitt enthalten sind, zwischen den einzelnen Schnittteilen Abstand dafür lassen. Um die Stofffläche optimal auszunutzen, kann es sinnvoll sein, die Schnittteile nach und nach auszuschneiden und sich dafür immer wieder einen neuen Stoffbruch zu falten. Für einmal benötigte und asymmetrische Schnittteile den Stoff einfach legen, für zweimal benötigte Teile doppelt legen und beide Teile zusammen ausschneiden. Um zu überprüfen, ob die Teile auch richtig im Fadenlauf liegen, an beiden Enden des auf dem Schnittteil aufgezeichneten Fadenlaufs den Abstand zu Bruch oder Webkante messen und die Stelle mit je einer Stecknadel feststecken, dabei sollten die Abstände gleich sein.

Für halbe Schnittteile eine Stoffseite gerade so weit umklappen, dass die Teile im entstandenen Stoffbruch aufgelegt werden können. Beim Falten liegt die rechte Stoffseite immer innen. Vor dem Auflegen des Schnittteils sollte an mehreren Stellen der Abstand vom Bruch zur Web- bzw. Stoffkante gemessen werden um zu prüfen, ob der Stoffbruch dem geraden Fadenlauf entspricht.

Die Schnittteile nun ringsum mit Stecknadeln so feststecken, dass die Schnittlinie zum Schneiden frei bleibt. Bei doppelt gelegtem Stoff darauf achten, dass die Nadeln beide Lagen erfassen. Bei Wachstuch, Kunstleder o. Ä. bleiben Nadelstiche sichtbar, deshalb Schnittteile mit Klebeband, Vielzweckklemmen oder Büroklammern befestigen.

NAHT- UND SAUMZUGABEN AUFZEICHNEN

Bei Schnittteilen, die keine Zugaben enthalten, müssen Naht- und Saumzugaben ringsum mit Handmaß und Trickmarker oder Schneiderkreide auf den Stoff gezeichnet werden. Die Maße der benötigten Zugaben sind in der Anleitung angegeben. Entlang der eingezeichneten Markierung wird dann zugeschnitten. Ist die Nahtzugabe gleichmäßig aufgezeichnet, liegen die Schnittkanten später beim Nähen exakt aufeinander. Für das Gelingen einer geraden Naht kann man sich dann an den Schnittkanten orientieren und so einen Arbeitsschritt, das Übertragen der Nahtlinien, sparen.

STOFFTEILE ZUSCHNEIDEN

Den Stoff entlang der Papierkante oder der markierten Linie mit einer scharfen Schneiderschere zuschneiden. Dabei so wenig wie möglich anheben, da sich sonst die Schnittkanten leicht verschieben können. Mit der freien Hand den Stoff dicht neben der Schnittlinie festhalten und mit langen Schnitten arbeiten.

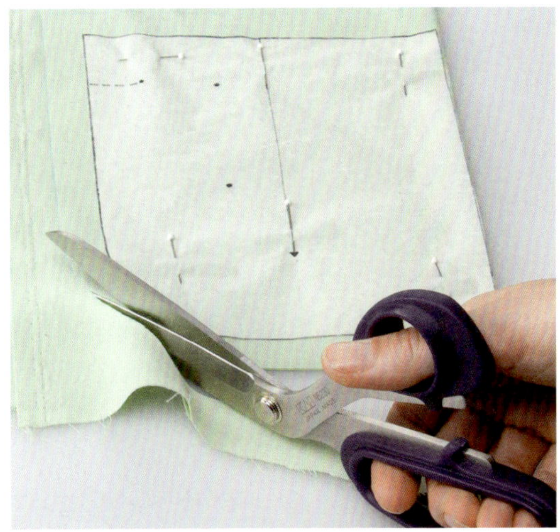

TIPP

Ein praktisches Hilfsmittel zum Markieren bei doppelter Stofflage ist ein Parallelkopierrad. Beim Übertragen von Schnittteilen zeichnet es die Naht- und Schnittlinien gleichzeitig auf den Stoff. Dazu besitzt es ein zweites, je nach Zugabenbreite verstellbares Rädchen, das die Zugaben automatisch im richtigen Abstand zur Nahtlinie markiert.

SCHNITTKONTUREN UND MARKIERUNGEN ÜBERTRAGEN

Bevor der Papierschnitt nach dem Zuschneiden der Stoffteile wieder abgenommen wird, müssen Naht- und Saumlinien (= Konturen) und alle im Schnittteil eingezeichneten Markierungen, bis auf den Fadenlauf, auf den Stoff übertragen werden. Wird später Vlieseline aufgebügelt, die am Rand des Schnittteils befindlichen Markierungen wie Ansatzpunkte für andere Teile oder vordere und rückwärtige Mitte, bis auf die Nahtzugabe verlängern, damit sie sichtbar bleiben. Alternativ können diese Stellen auch mit kurzen Einschnitten in den Zugaben gekennzeichnet werden. Zum Übertragen gibt es verschiedene Möglichkeiten:

MARKIERUNG BEI DOPPELTER STOFFLAGE

1 Ein Stück Schneiderkopierpapier mit der beschichteten Farbseite nach oben auf eine gerade Oberfläche legen. Das zugeschnittene Stoffteil darauf legen. Das Kopierrädchen zuerst entlang der Papierkante führen und so die Nahtlinien übertragen. Dann alle weiteren Markierungen nachrädeln. Die Linien sind nun auf der unteren Stofflage sichtbar, der Papierschnitt kann abgenommen werden.

2 Den Stoff umdrehen und Stofflagen noch einmal innerhalb der Linien zusammenstecken, um ein Verrutschen zu verhindern. Dann den Stoff erneut auf das Kopierpapier legen. Beim Zuschnitt liegen die bereits kopierten Linien nun oben. Die Linien noch einmal nachrädeln, um sie auch auf die zweite, jetzt unten liegende Stofflage zu kopieren.

MARKIERUNG AUF DER RECHTEN STOFFSEITE

Markierungen wie Knopflöcher oder Aufsetzpunkte für Applikationen müssen auf die rechte Seite übertragen werden, da sie später auch von dieser Seite gearbeitet werden. Bei doppelt gelegten Stoffen befinden sich die rechten Seiten immer innen. An den entsprechenden Stellen Stecknadeln durch den Papierschnitt und beide Stofflagen stechen. Dann die obere Stofflage zurückschlagen und innen jeweils beide Durchstichstellen mit Trickmarker oder Schneiderkreide anzeichnen.

MARKIERUNG BEI EINFACHER STOFFLAGE

1 Die Nahtlinie entlang der Papierkante mit Schneiderkreide oder Trickmarker aufzeichnen. Um innen liegende Markierungen zu übertragen, an den entsprechenden Stellen Stecknadeln durch Papier und Stoff stechen, dann den Papierschnitt vorsichtig bis zur Nadel anheben und die Einstichstellen auf der linken Stoffseite markieren.

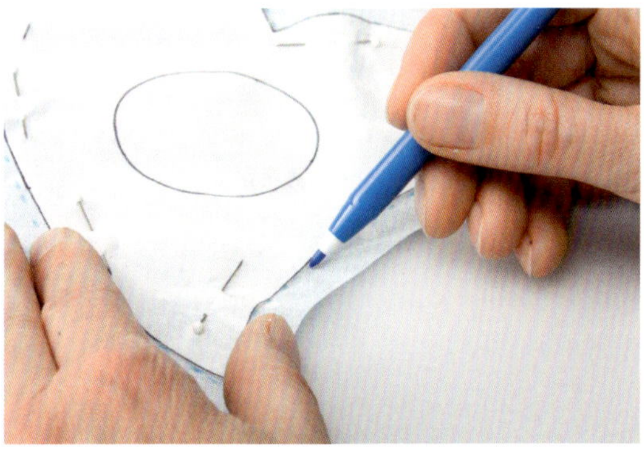

2 Müssen innenliegende Markierungen wie der abgebildete Kreis auf der rechten Stoffseite sichtbar sein, an einigen Stellen Stecknadeln durch Papier und Stoff stecken, dann den Stoff anheben und die Ausstichstellen markieren.

EINLAGEN

Einlagen werden dazu verwendet, den Taschen bzw. dem Oberstoff Volumen oder Festigkeit und Formbeständigkeit zu verleihen. Je nach Art und Stärke verhindern sie außerdem, dass sich der Tascheninhalt unschön auf dem Stoff durchdrückt, oder sind notwendig, um Taschenteile wie Träger oder die ganze Tasche wie z. B. eine Laptoptasche zu polstern. Aufbügelbare Einlagen wie Decovil, Schabrackeneinlage oder Vlieseline® sind besonders beliebt, da sie einfach zu verarbeiten sind. Sie besitzen eine Klebeseite, die sich durch Bügeln mit dem Stoff verbindet, sodass sie nicht mehr verrutschen können. Eine Bügelempfehlung ist bei den Vlieseline®-Einlagen auf dem Kantendruck zu finden. Die verstärkten Stoffteile vor der Weiterverarbeitung mindestens 30 Minuten abkühlen lassen. Manche Vlieseinlagen wie z. B. Volumenvlies oder Polstereinlage (Style Vil) sind auch zum Aufnähen erhältlich. Sie entsprechenden Schnittteile werden in der Regel mit geradem Stich innerhalb der Nahtzugabe der zu verstärkenden Schnittteile fixiert.

Maschine vorbereiten

OBER- UND UNTERFADEN EINFÄDELN

Vor dem Einfädeln immer sicherstellen, dass der Nähfußheber oben steht und der Nähfuß angehoben ist. Dadurch wird die Spannung der Spannscheiben gelöst und der Faden lässt sich leichter durch die Nadel führen. Das Handrad entgegen dem Uhrzeigersinn drehen, bis die Nadel in der höchsten Stellung und der Fadenhebel sichtbar ist. Ober- und Unterfaden laut Bedienungsanleitung in die Nähmaschine einfädeln und beide Fäden zusammen ca. 10-15 cm nach hinten oder auf eine Seite der Maschinennadel ziehen. Gewünschte Stichart, Stichlänge und Stichweite einstellen. Das Stoffteil unter die Nadel legen, das Handrad entgegen dem Uhrzeigersinn drehen, bis die Nadel am Anfang der Nahtlinie einsticht, dann den Nähfuß senken.

STICH UND SPANNUNG EINSTELLEN

STICHART UND STICHLÄNGE

Die gewünschte Stichart wählen und die richtige Stichlänge einstellen. Die Stichlänge für den Geradstich beträgt normalerweise 2,5 mm, sie muss jedoch immer auf das zu verarbeitende Material abgestimmt werden. Für leichte und feine Stoffqualitäten am besten eine Stichlänge von 1,5-2 mm wählen, für mittlere Qualitäten 2,5-3 mm und für schwere Qualitäten 3-4 mm. Bei Kunstleder, Kreativpapier, Wachstuch und PVC-Folie sollte stets eine Stichlänge von mindestens 3,5 mm eingestellt werden, da das Material sonst zu fein perforiert wird und möglicherweise bei Belastung ausreißt.

STICHWEITE

Der Abstand zwischen der rechten und der linken Einstichstelle wird als Stichweite oder Stichbreite bezeichnet. Wichtig ist sie z. B. beim Zickzackstich. Beim Geradstich steht sie auf 0, da in einer geraden Linie genäht wird.

FADENSPANNUNG

Beim Nähen mit der Nähmaschine wird grundsätzlich mit zwei Fäden gearbeitet: Der Oberfaden wird als komplette Garnrolle auf den Garnrollenhalter gesetzt und durch die Nadel gefädelt, der Unterfaden muss zuvor auf eine Spule aufgespult und dann unter dem Nähfuß in das Spulengehäuse eingesetzt werden.

Beim Nähen verschlingen sich diese beiden Fäden miteinander und bilden so die Naht. Damit die Stiche schön gleichmäßig erscheinen, muss die Spannung von Ober- und Unterfaden richtig eingestellt sein. Viele moderne Nähmaschinen regulieren diese automatisch. Bei einigen Maschinen wird die Spannung in Zahlenwerten angegeben. Die normale Einstellung für die Oberfadenspannung liegt hier bei 4 bis 5. Diese Werte können aber je nach Maschine variieren. Einstellrad oder -hebel können statt Zahlen auch eine Skala mit Plus- und Minuszeichen haben. Bei sehr dünnen Stoffen wird die Spannung meist leicht verringert, bei dickeren etwas erhöht. Häufig ist schlechtes Garn die Ursache für Unregelmäßigkeiten im Nahtbild. Daher sollte vor Veränderung der Fadenspannung zunächst neues Polyestergarn eingefädelt werden um zu prüfen, ob die Naht damit bereits besser aussieht. Bei Problemen immer erst die Oberfadenspannung prüfen, an der Unterfadenspannung ist seltener eine Korrektur erforderlich. Beim Einstellen der Oberfadenspannung muss der Nähfuß gesenkt sein.

OBERFADENSPANNUNG PRÜFEN

KORREKT

Ober- und Unterfaden verschlingen sich zwischen den Stofflagen, so dass die Knötchen nicht zu sehen sind und die Stiche auf der Ober- und Unterseite gleichmäßig erscheinen. Die kleinstmögliche Oberfadenspannung erzielt den schönsten Geradstich.

ZU SCHWACH

Zu geringe Spannung führt zu einem losen Stich mit Schlaufen. Die Knötchen der Ober- und Unterfadenverschlingung sind auf der unteren Stoffseite sichtbar.

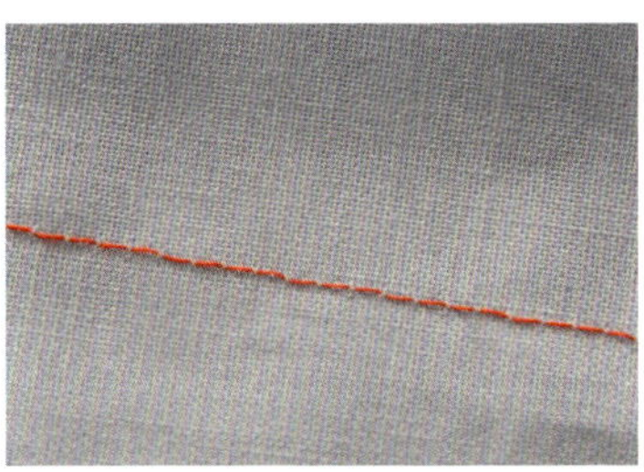

ZU STARK

Zu hohe Spannung verursacht einen zu engen Stich bzw. eine Kräuselnaht, die sich zusammenzieht. Die Knötchen der Ober- und Unterfadenverschlingung sind auf der oberen Stoffseite sichtbar.

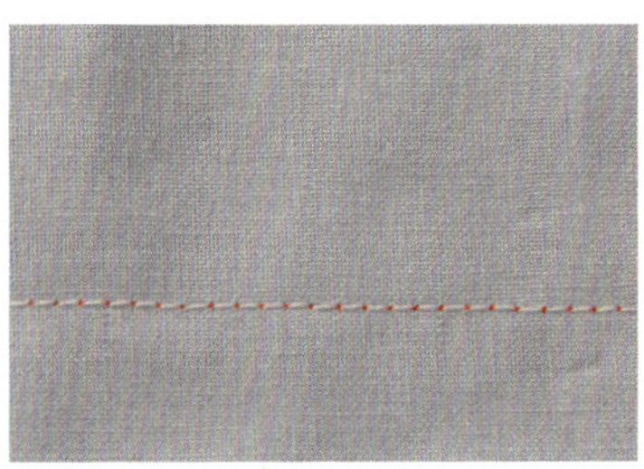

UNTERFADENSPANNUNG PRÜFEN

Bei Nähmaschinen mit Spulenkapseln zur Kontrolle der Unterfadenspannung die volle Spule in die Kapsel einlegen, den Faden durch den Schlitz und unter die Feder ziehen. Dann das Fadenende festhalten und ruckartig nach oben bewegen – dabei muss die Spulenkapsel langsam bzw. stufenweise nach unten gleiten. Bewegt sich die Kapsel nicht oder zu schnell, muss die Spannung neu eingestellt werden.

Die Spannung des Unterfadens kann durch Drehen der Einstellschraube reguliert werden. Drehen im Uhrzeigersinn erhöht die Spannung, Drehen gegen den Uhrzeigersinn reduziert sie.

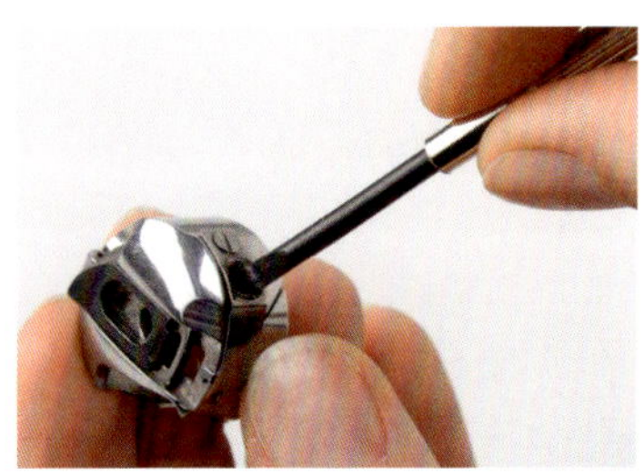

Einfache Naht

NAHT SICHERN

Damit eine Naht später nicht aufgehen kann, sollten Nahtanfang und -ende mit einigen Rückstichen gesichert werden. Dies nennt man auch Verriegeln. Bei Gerad- und Zickzackstichen einige Stiche nähen, auf die Rückwärtstaste drücken, 3 bis 5 Stiche zurück nähen, dann die Taste lösen und wieder vorwärts nähen. Am Nahtende wieder einige Stiche rückwärts und dann erneut vorwärts bis zum Ende nähen. Bei Zier- und sonstigen Stichen sollten Anfang und Ende mit Geradstichen gesichert werden, da die Naht an diesen Stellen sonst zu dick wird. Vor dem Nahtende langsamer nähen, um nicht darüber hinaus zu geraten. Manche Nähmaschinen besitzen eine Riegeltaste, bei deren Betätigung die Naht automatisch mit einigen Stichen verriegelt wird. Nähte lassen sich auch durch Verknoten von Ober- und Unterfaden sichern. Dafür den Oberfaden auf die linke Stoffseite ziehen, beide Fäden zur Schlaufe legen und die Enden hindurch führen. Den Knoten dicht am Stoff festziehen, die überstehenden Fadenenden abschneiden.

EINFACHE NAHT

Normalerweise wird durch Betätigung des Fußpedals genäht. Je mehr Druck dabei auf das Pedal ausgeübt wird, desto schneller näht die Maschine. An Stellen, an denen sehr exakt genäht werden muss, kann die Nadel aber auch langsam durch Drehen des Handrads bewegt werden. Um Stichlänge und Fadenspannung zu überprüfen, ist eine Nahtprobe auf einem doppelt gelegten Stoffrest sinnvoll. Den Stoff beim Nähen weder ziehen noch schieben, sondern nur leicht mit der Hand führen, um eine gerade Naht zu erhalten. Je nach Breite der Nahtzugabe kann dabei die Maßeinteilung auf der Stichplatte als Orientierung dienen. Die Linien sind durch Zahlen markiert, die den Abstand zwischen der Stoffkante und der zentrierten Nadel, also der späteren Naht, angeben. Sind die Stoffteile mit Faden zusammengeheftet, nicht direkt auf der Heftlinie, sondern dicht daneben nähen. So lässt sich anschließend der Heftfaden leichter entfernen. Wurde mit der Maschine geheftet, nach dem Nähen den Unterfaden der Heftnaht herausziehen. Mit dem Gerad- bzw. Steppstich die rechts auf rechts gelegten Stoffkanten entlang der markierten Nahtlinie zusammennähen. Wurde keine Nahtlinie angezeichnet, mit einem Abstand zum Schnittrand in Breite der Nahtzugabe nähen. Dabei ggf. die Stecknadeln kurz vor dem Nähfuß herausziehen oder langsam über die Nadeln nähen und diese erst danach entfernen. Wenn Ecken und Kurven genäht werden, muss der Nähvorgang manchmal unterbrochen werden. Dann ist es sinnvoll, die Nadel per Handrad in den Stoff zu stechen oder, falls vorhanden, den automatischen Nadelstopp im Stoff zu wählen. So ist garantiert, dass die Naht später ohne Verschiebung fortgesetzt werden kann. Eine einfache Naht mit Geradstich nähen bezeichnet man auch als „Steppen".

ECKEN NÄHEN

Kurz vor einer Ecke langsamer nähen. Exakt in der Ecke stoppen, die Nadel bleibt im Stoff. Den Nähfuß hochstellen, das Stoffteil in die neue Richtung drehen, dann den Fuß wieder senken und weiter nähen.

KURVEN NÄHEN

Bei leichten Kurven langsam nähen. Vor einer engen Kurve stoppen, die Nadel bleibt im Stoff. Den Nähfuß hochstellen, das Stoffteil etwas weiter drehen, den Fuß wieder senken und ein bis zwei Stiche per Handrad nähen. Diesen Vorgang bis zum Kurvenende wiederholen, dann normal weiter nähen. Bei sehr engen Rundungen für diesen Nahtabschnitt einen kürzeren Geradstich einstellen.

ABNÄHER

Den Abnäher markieren, die Enden durch Querlinien kennzeichnen.

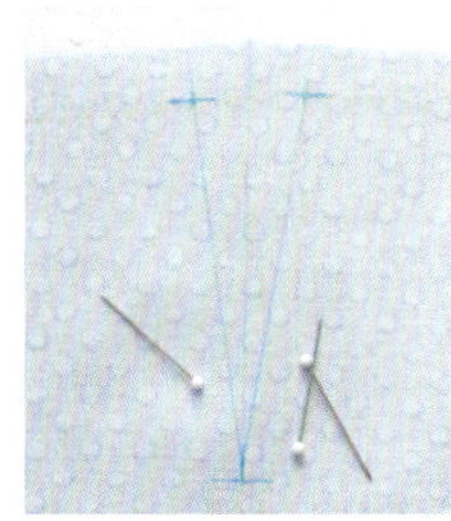

Den Stoff rechts auf rechts falten, sodass die Markierungen aufeinanderliegen, dann an der Abnäherspitze beginnend feststecken. Den Abnäher von der breiten Seite aus zur Spitze nähen, Fäden an Nahtanfang und -ende sichern.

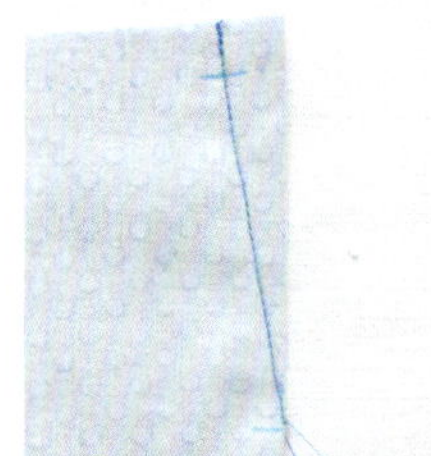

Als Orientierungshilfe zum Nähen von Abnähern können Sie mit Lineal und Schneiderkreide oder Stoffmarker eine Linie ziehen. Bei geraden Abnähern ist ein Streifen Klebeband (z. B. selbstklebendes Schneider- und Quiltband) entlang der Stepplinie eine schnelle Markierhilfe.

NAHT AUFTRENNEN

Besonders bei Anfängern ist es ganz normal, dass Teile einmal nicht korrekt zusammengenäht werden oder eine Naht nicht an der richtigen Stelle sitzt. Dann bleibt leider nichts anderes übrig, als die Naht aufzutrennen und den Faden zu entfernen.

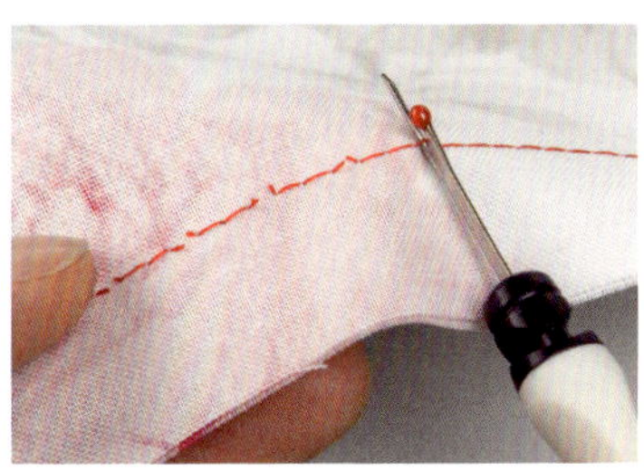

Dazu mit der Spitze des Nahttrenners auf der linken Stoffseite den Unterfaden anheben und mit der Schneide durchtrennen. Auf einer Länge von etwa 5 cm in kurzen Abständen auf diese Weise Stiche durchschneiden.

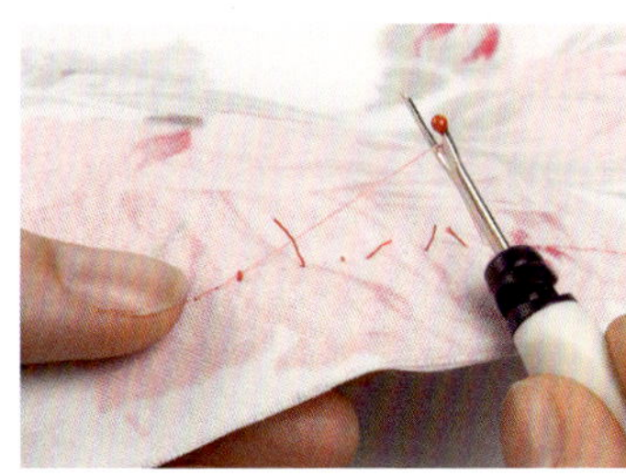

Das Stoffteil wenden und mit dem Oberfaden genauso verfahren. Den Vorgang wiederholen, bis die komplette Naht aufgetrennt ist. Fadenreste eventuell mithilfe einer Pinzette aus dem Stoff zupfen.

Nahtzugaben beschneiden

NAHTZUGABEN ZURÜCKSCHNEIDEN

Vor allem bei sehr kleinen und schmalen Schnittteilen, z. B. bei Halterungen für D-Ringe, können die Nahtzugaben im gewendeten Zustand sehr auftragen und eine gute Ausformung verhindern. Daher kann es erforderlich sein, sie bis 3-4 mm vor der Nahtlinie abzuschneiden. Dabei aber immer genügend Zugabe lassen, um ein Auflösen der Naht zu vermeiden.

NAHTZUGABEN EINSCHNEIDEN

Bei Rundungen und Ecken die Nahtzugaben einschneiden bzw. einkerben, sie passen sich dadurch besser an die Form an. Dafür eine Schere mit scharfer Spitze verwenden und nie näher als ca. 2 mm an die Nahtlinie heran schneiden.

INNENRUNDUNGEN

Die Nahtzugaben im rechten Winkel zur Nahtlinie einschneiden. Je enger die Kurve, desto mehr Einschnitte sind erforderlich.

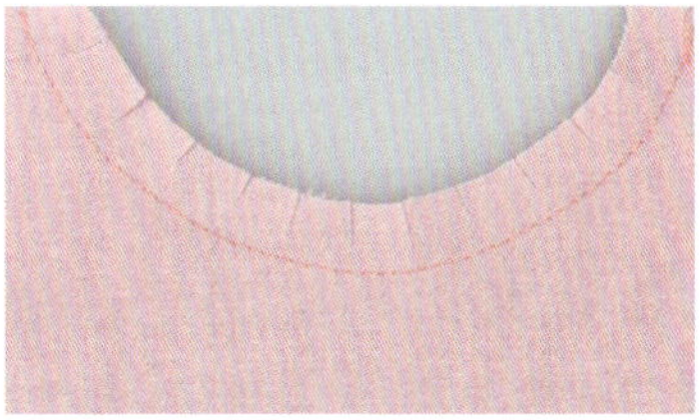

AUSSENRUNDUNGEN

Die Nahtzugaben einkerben. Effektiver als wenige große Kerben sind mehrere kleine.

INNENECKEN

Einmal bis kurz vor die Nahtlinie einschneiden, um die Nahtzugaben einschlagen zu können.

AUSSENECKEN

Die Nahtzugaben schräg abschneiden, damit sie in den gewendeten Ecken nicht auftragen.

NAHT BÜGELN

Sind die Bügelempfehlungen für einen Stoff nicht bekannt, auf jeden Fall eine Probe auf einem Stoffrest machen. Die Nähte jeweils nach den einzelnen Arbeitsschritten von links bügeln, zuvor Markierfarben entfernen. Die Nahtzugaben zuerst zusammen flachbügeln, dann auseinanderbügeln. Verstürzte bzw. gewendete Stoffteile von rechts in Form bügeln, dabei darauf achten, dass die Nähte genau an den Kanten liegen. Für schmale oder röhrenförmig geschlossene Stoffteile ist ein Ärmelbrett unentbehrlich.

Kanten versäubern und absteppen

Bei vielen der für die Taschenmodelle verwendeten Materialien müssen Kanten oder Nahtzugaben nicht versäubert werden, da sie nicht ausfransen. Dazu zählen Kunstleder, Wachstuch, PVC-Folie und Kork. Diese Stoffe haben auch im Tascheninneren saubere Kanten. Bei Kunstleder sollte man jedoch auf die Rückseite achten. Ist hier keine feine Synthetikstofflage als Trägergewebe hinterlegt, sondern ein grobes Gewebe, sollte es besser versäubert werden, damit später keine unschönen Fäden herausstehen. Canvas, Baumwolle, Velours-Stoff, Plüsch und Möbelstoff müssen versäubert werden. Alternativ kann man manche Kanten auch mit Schrägband einfassen.

VERSÄUBERN MIT DEM ZICKZACKSTICH

Die gebräuchlichste Methode, Nahtzugaben vor dem Ausfransen zu schützen, ist das Versäubern der Schnittkanten mit dem Zickzackstich. Stichbreite und -länge sollten hierbei sorgfältig auf das verwendete Material abgestimmt und am besten zuvor an einem Stoffrest ausprobiert werden. Für stark fransende Stoffe eignen sich breite Stiche in kurzem Abstand, für wenig fransende Stoffe schmale Stiche in größerem Abstand. Den Zickzackstich nahe der Stoffkante nähen, jedoch nicht darüber hinaus (siehe Foto). Dann die überstehende Stoffkante vorsichtig dicht neben den Stichen abschneiden. Normalerweise werden die Nahtzugaben aller Teile einzeln versäubert, schmale Zugaben, z. B. bei Beuteln und Taschen, können manchmal aber auch zusammen versäubert werden.

VERSÄUBERN MIT DER ZACKENSCHERE

Bei Webstoffen lassen sich die Kanten in einfacher Stofflage schnell mit einer Zackenschere versäubern, für Strickstoffe ist diese Methode jedoch nicht geeignet. Darauf achten, dass bei jedem Neuansatz die erste neue Zacke gleichmäßig und ohne Unterbrechung an der letzten Zacke ansetzt.

ABSTEPPNAHT

Das Absteppen erfolgt auf der rechten Stoffseite und dient sowohl zur Verzierung als auch zum Flachhalten von Nahtzugaben, damit diese später nicht abstehen. Dafür auf der linken Stoffseite die versäuberten Nahtzugaben auf die Seite bügeln, die danach abgesteppt werden soll. Nun die Naht im Gerad- bzw. Steppstich auf der rechten Stoffseite parallel zur vorher gearbeiteten Naht nähen. Häufig finden sich in Anleitungen die Begriffe füßchenbreit, oder knappkantig absteppen. Füßchenbreit bedeutet, dass z. B. eine eingeschlagene Stoffkante oder eine bereits vorhandene Naht exakt entlang der rechten Nähfußkante geführt wird. Beim knappkantigen Absteppen parallel und ca. 1 mm neben der Kante oder Naht entlang nähen.

Verschlüsse

NÄHFREIE DRUCKKNÖPFE

Nähfreie Druckknöpfe aus Plastik oder Metall sind strapazierfähiger als jene zum Annähen und bestehen aus vier Teilen. Für Druckknöpfe mit Dorn muss an den entsprechenden Stellen mit einer Lochzange ein Loch in der passenden Größe vorgestanzt werden. Den im Fachhandel erhältlichen Packungen sind bereits Werkzeugteile beigefügt, zusätzlich wird nur noch ein Hammer benötigt. Schnell und einfach gelingt das Anbringen der Knöpfe mithilfe der Vario-Zange.

ÖSEN MIT SCHEIBEN

Ösen mit Scheiben verwendet man z. B. für Verschlüsse in Kombination mit einer Kordel oder einem Band. An den entsprechenden Stellen muss mit einer Lochzange ein Loch in der passenden Größe vorgestanzt werden. Kleine Ösen können mithilfe der Vario-Zange angebracht werden.

KLETTBAND

Klettband, auch Haftverschlussband genannt, gibt es in verschiedenen Farben und Breiten. Der Verschluss besteht aus einem Flausch- und einem Häkchenstreifen, die beim Zusammendrücken aneinander haften bleiben.

REISSVERSCHLÜSSE

Reißverschlüsse gibt es in den verschiedensten Ausführungen. Sie können mit einer Kunststoffspirale, mit Metall- oder Kunststoffzähnchen versehen sein.

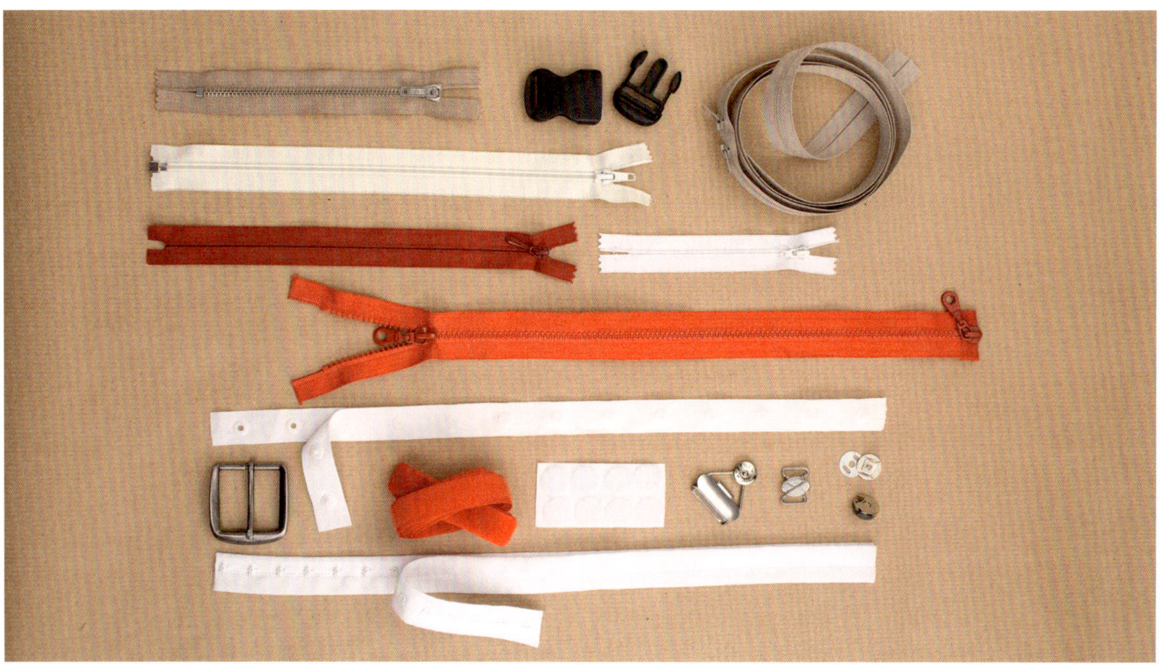

DRUCKKNÖPFE ANBRINGEN

1 Zunächst die Stellen markieren, an denen die Knopfteile befestigt werden sollen. Für das Druckknopfoberteil die Werkzeugteile wie auf der Packung abgebildet in die Vario-Zange eindrücken – das große flache Teil oben und das kleinere mit Vertiefung unten. Das Knopfoberteil (= farbige Kappe) in das obere Werkzeug und den gezahnten Ring (= Rückteil) in das untere einlegen. Die Zange an der markierten Stelle (rechte Stoffseite oben) kräftig zusammenpressen, bis beide Knopfteile am Stoff fest anliegen.

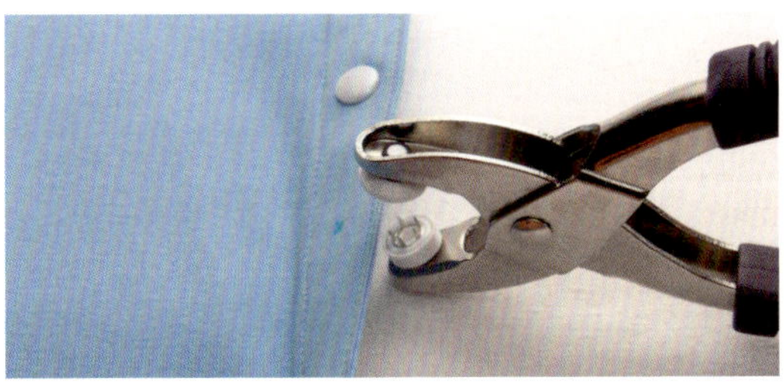

2 Für das Unterteil die Zange umdrehen, dann oben das Knopfunterteil mit Zähnchen und Köpfchen einsetzen, dabei liegt das Köpfchen in der Vertiefung des Werkzeugs. Unten das Rückteil einlegen. An der markierten Stelle die Knopfteile mit der Zange zusammendrücken.

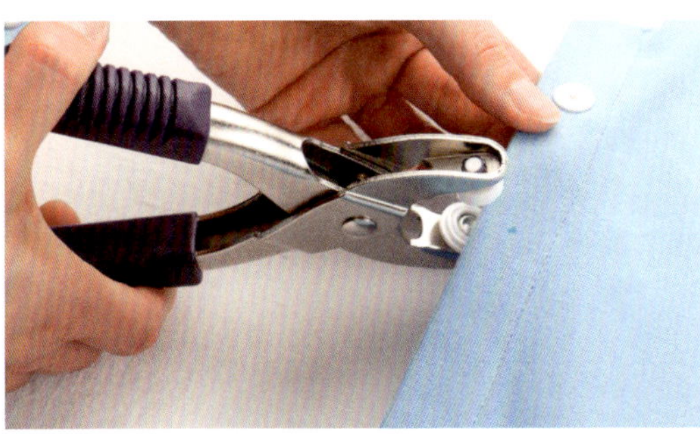

ÖSEN ANBRINGEN

1 Die Stellen für die Ösen markieren. Mit einer Lochzange jeweils ein Loch in der benötigten Größe vorstanzen.

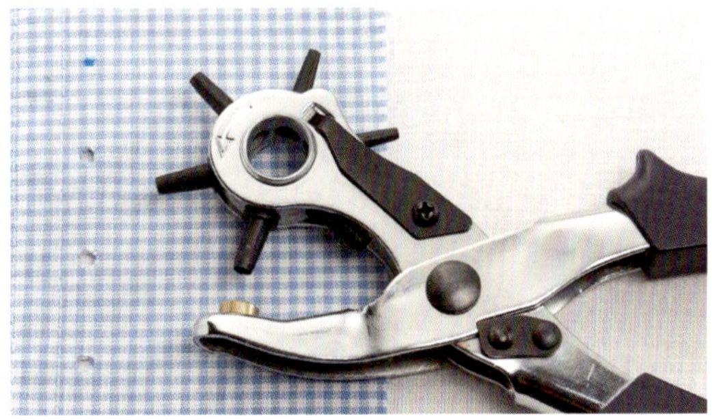

2 Die Werkzeugteile wie auf der Packung abgebildet in die Vario-Zange eindrücken: das Teil mit der Vertiefung unten und das mit dem überstehenden Körner oben. Den Stoff mit der rechten Seite nach unten halten, dann von unten das Ösenoberteil mit dem zylindrischen Schaft durchstecken. Das Ösenunterteil mit der erhabenen Ringkante nach oben auf das Oberteil legen, dann beide Teile mit der Zange fest zusammendrücken.

REISSVERSCHLUSS EINNÄHEN

Der Reißverschluss kann mit oder ohne Futterstoff eingenäht werden. Wird er ohne Futter eingenäht, können Sie sofort nach Schritt 1 das Reißverschlussfüßchen einsetzen und den Reißverschluss an die Stoffkante nähen. Sieht die Anleitung vor, dass der Reißverschluss zwischen Außenstoff und Futterstoff genäht wird, folgen Sie den Schritten 1–4.

1 Den Reißverschluss mit einer Kante bündig an die Stoffkante des Außenstoffs legen; dabei liegt der Zipper bzw. die Reißverschlussraupe auf der rechten Stoffseite. Den Reißverschluss mit Stecknadeln oder Klammern am Stoff fixieren.

2 Das zweite Stoffteil (z. B. Futterstoff) bündig rechts auf rechts darüberlegen und mit Stecknadeln oder Klammern fixieren.

3 Das Reißverschlussfüßchen einsetzen und die Stofflagen zusammennähen.

4 Die Stoffteile aufklappen, ggf. die Naht von rechts noch einmal absteppen. Die andere Seite des Reißverschlusses je nach Anleitung genauso arbeiten.

REISSVERSCHLUSS KÜRZEN

Bei manchen Modellen werden Endlosreißverschlüsse mit separaten Zippern verarbeitet. Mit Hilfe der Endlosreißverschlüsse können Sie die Länge des Reißverschlusses individuell anpassen. Auch Zwei-Wege-Reißverschlüsse, bei denen zwei Zipper gegenläufig auf dem Reißverschluss bewegt werden, lassen sich so kinderleicht selbst herstellen. Das ist besonders praktisch, um den Reißverschluss etwa an der Taschenöffnung mit einem Zipper von jedem Ende aus schließen zu können. In jedem Fall müssen Sie den oder die Zipper vor dem Einnähen erst noch auf die Raupe schieben.

REISSVERSCHLUSS KÜRZEN

Reißverschlüsse werden in sehr vielen Maßen angeboten, jedoch nicht in allen. Je nach Länge sind sie in Zwei- bis Fünf-Zentimeter-Schritten verfügbar. Sollte ein Reißverschluss in der gewünschten Länge einmal nicht erhältlich sein, kann man längere Reißverschlüsse auch selbst kürzen.

Nicht teilbare Verschlüsse werden am unteren Ende gekürzt. Dafür einfach einen Riegel nähen und das überschüssige Ende mit ca. 1,5 cm Abstand zum Riegel abschneiden. Dann den Reißverschluss ganz normal einnähen.

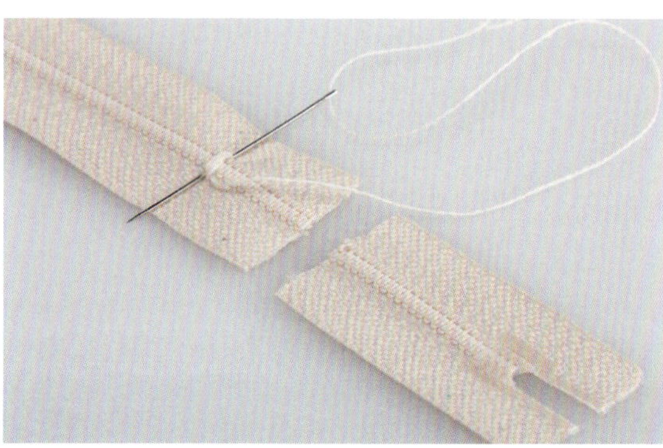

EINFACHER REISSVERSCHLUSS

1 Die gewünschte Reißverschlusslänge plus mindestens 3 cm zurechtschneiden.

2 Den Endlosreißverschluss an einem Ende ca. 2 cm weit teilen. Den Zipper mit der runden Seite voran auf eine Seite der Reißverschlussraupe fädeln. Anschließend die andere Hälfte einfädeln.

3 Den Reißverschluss auf eine flache Oberfläche legen, die Enden mit Daumen und Zeigefinger darauf fixieren und mit der anderen Hand den Zipper kräftig voran ziehen, bis die Zähnchen der Raupe einrasten.

4 Den Zipper bis kurz vor das Ende des Endlosreißverschlusses ziehen; darauf achten, dass der Zipper nicht versehentlich wieder von der Raupe rutscht. Vermutlich wird sich ein Versatz der oberen und unteren Enden des Reißverschlusses ergeben; das wird durch die Zugabe der 3 cm ausgeglichen. Die Reißverschlussenden mit einer kurzen Quernaht sichern und die überstehenden Enden auf 1 cm kürzen.

ZWEI-WEGE-REISSVERSCHLUSS

1 Für den ersten Zipper wie oben in Schritt 1-3 vorgehen, dann von der anderen Reißverschlussseite einen zweiten Zipper entsprechend gegenläufig aufziehen.

2 Beide Zipper in der Mitte des Reißverschlusses zusammenführen. Die Reißverschlussenden mit einer kurzen Quernaht sichern und die überstehenden Enden auf 1 cm kürzen.

KNÖPFE ANNÄHEN

Knöpfe können mit der Hand oder der Nähmaschine befestigt werden. Vor dem Aufnähen sollten die Knöpfe probeweise aufgelegt und ihre Position markiert werden. Flache Durchnähknöpfe mit 2-4 Löchern, die leicht auf- und zuknöpfbar sein müssen, sollten mit einem Fadensteg bzw. Stiel gearbeitet werden. Bei Stegknöpfen ist dies nicht erforderlich, da die Öse auf der Rückseite bereits als Abstandhalter dient. Reine Zierknöpfe können ganz flach aufgenäht werden.

VON DER HAND

1 Den Nähfaden in die Handnähnadel einfädeln, bis zur Hälfte durchziehen und beide Enden miteinander verknoten. Die Nadel von rechts durch den Stoff stechen und den Faden bis zum Knoten durchziehen. Dann 2-3 mm daneben wieder von unten nach oben ausstechen, die Nadel durch den Knopf führen und durch das zweite Loch zurück stechen. Wird ein Steg benötigt, ein Streichholz oder einen Zahnstocher als Abstandhalter zwischen den Löchern auflegen, bevor der Faden angezogen wird. Einige weitere Stiche nähen, dann die Nadel zwischen Stoff und Knopf ausstechen.

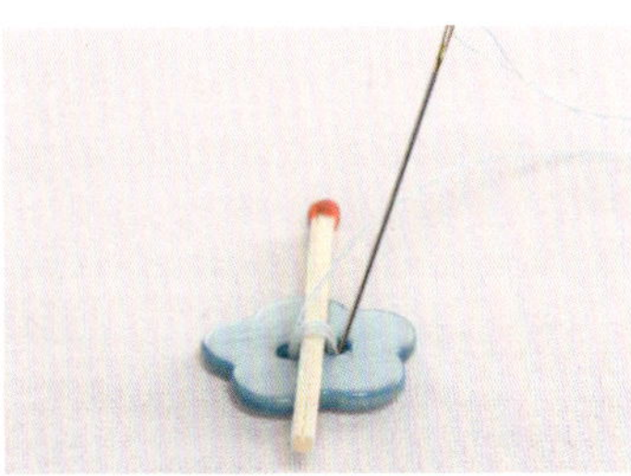

2 Den Abstandhalter entfernen und die Fäden zwischen Knopf und Stoff dicht mit dem Faden umwickeln, um den Steg zu stabilisieren. Das Fadenende zum Sichern durch den Stiel nach oben ziehen und abschneiden.

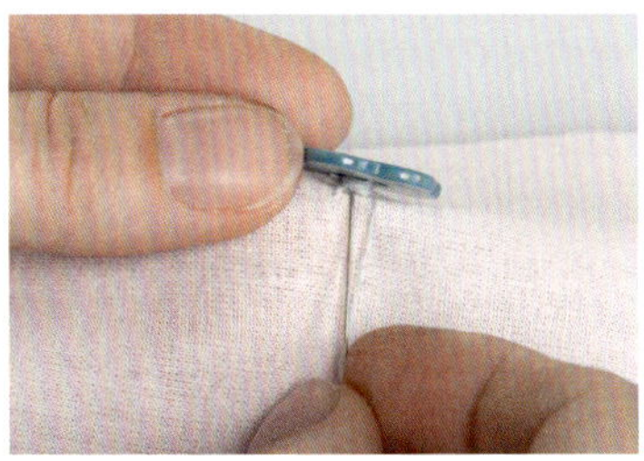

MIT DER MASCHINE

Den Knopfannähfuß einsetzen und den Zickzackstich mit Stichlänge 0 einstellen. Beim Knopf den Abstand von Lochmitte zu Lochmitte exakt ausmessen und die Stichbreite entsprechend einstellen. Die Nadel in die linke Position bringen und per Handrad durch das linke Knopfloch stechen. Den Fuß absenken und einige Stiche in beide Löcher nähen. Zuletzt die Stichbreite auf 0 stellen und zum Sichern der Fäden einige Stiche in das gleiche Loch nähen. Den Oberfaden zur Rückseite führen, mit dem Unterfaden verknoten und die Enden abschneiden.

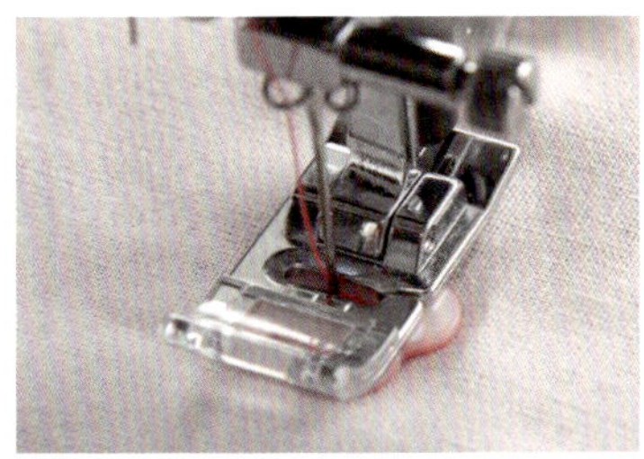

Auch hier kann ein Abstandhalter aufgelegt werden. Diesen nach dem Annähen des Knopfes entfernen und Ober- und Unterfaden ca. 15-20 cm lang abschneiden. Beide in eine Handnähnadel einführen, den Steg zwischen Knopf und Stoff fest umwickeln und die Fäden zum Sichern nach oben durchziehen.

Paspeln

PASPEL HERSTELLEN

Vorbereitend den Reißverschlussfuß oder Paspelfuß in die Maschine einsetzen und den Stoff- oder Schrägstreifen und die Kordel zuschneiden.

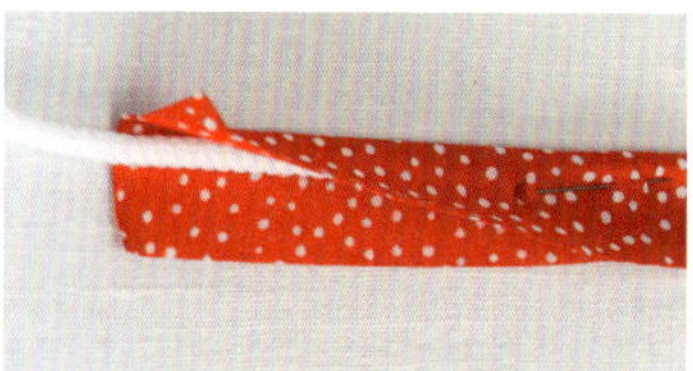

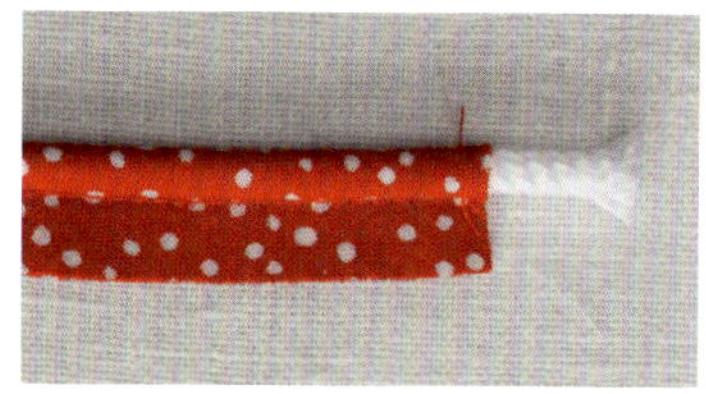

1 Den Stoff- oder Schrägstreifen der Länge nach links auf links zur Hälfte falten, dabei die Kordel mittig in den Streifen an die Faltlinie legen.

2 Kante auf Kante zusammenstecken, dicht an der Kordel entlang das Paspelband mit Geradstich zusammennähen.

3 Fertige Paspel.

PASPEL ZWISCHEN EINE NAHT ODER KANTE NÄHEN

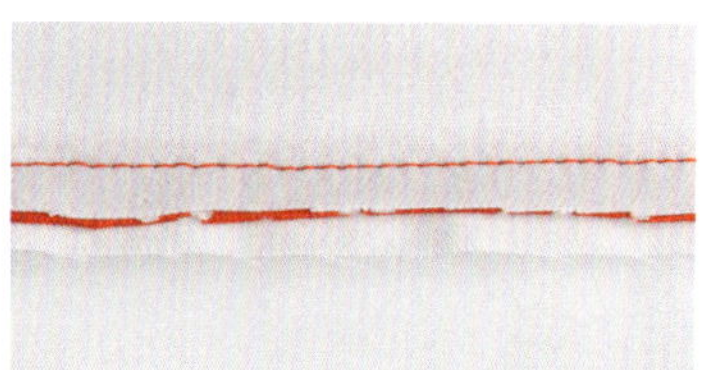

1 Das Paspelband rechts auf rechts auf ein Stoffteil legen, die Kanten von Paspelband und Stoff liegen bündig aufeinander, knapp neben dem Paspelröllchen steppen. Das zweite Stoffteil mit der rechten Seite nach unten kantenbündig darüberlegen, durch alle Stofflagen feststecken, dabei die Stecknadeln senkrecht zur Kordel stecken, Arbeit umdrehen, die/der zuerst angenähte Paspel liegt jetzt unten.

2 Genau auf der Nählinie ein zweites Mal nähen. Nahtzugaben stufig zurückschneiden.

3 Den Stoff zu einer Seite hin bügeln, Stoff umklappen. Falls gewünscht, von rechts im Nahtschatten oder dicht neben der Paspel bzw. dem Keder knappkantig feststeppen.

MASCHINENEINSTELLUNG

Stich: Geradstich,
Stichlänge 2,5 mm
Nähfuß: Reißverschlussfuß oder Paspelfuß

Kanten mit Schrägband einfassen

Eine schöne Methode des Säumens ist das Einfassen einer Schnittkante mit Schrägband. Am Stoffstück wird keine Nahtzugabe benötigt, da sich die Länge nicht verändert. Das Schrägband eignet sich hervorragend zum Einfassen von runden Kanten, da es schräg zum Fadenlauf zugeschnitten ist und sich somit dehnbar um Rundungen formen lässt.

SCHRÄGBAND AUFSTECKEN

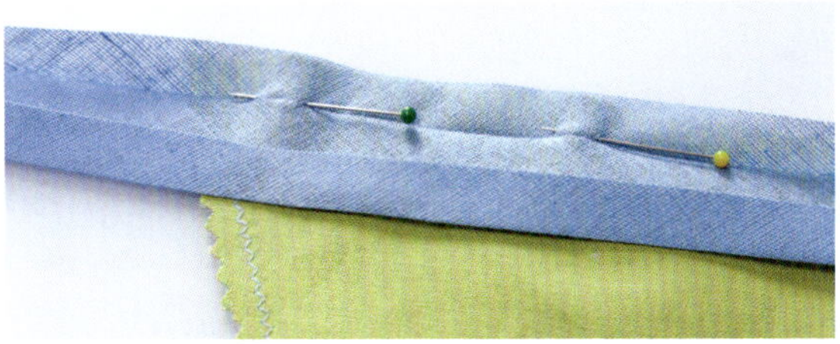

1 Man kann sowohl gekauftes, als auch selbst hergestelltes Schrägband verwenden. Die Breite richtet sich nach der Größe des Stoffteiles. Das vorgefalzte Schrägband aufklappen und mit der rechten Seite auf die linke Seite des Stoffes Kante an Kante legen und feststecken.

SCHRÄGBAND AUFNÄHEN

2 Ca. 1 mm rechts von dem Bügelfalz das Schrägband aufnähen. Danach das Band nach oben klappen, auf die rechte Stoffseite wenden und um die Nahtzugabe falten. Mit Stecknadeln so fixieren, dass die Nahtlinie des aufgenähten Schrägbandes auf der rechten Seite nicht zu sehen ist.

3 Das Schrägband von der rechten Seite knappkantig mit dem Geradstich festnähen. Es kann auch ein schmaler Zickzackstich verwendet werden – somit hat man einen kleinen Ziereffekt.

Tunnelzug nähen

Ein eingearbeiteter Tunnelzug kann an Beuteln als Verschluss dienen. Beim Zusammenziehen bildet der obere Rand dann eine hübsche Rüsche. Wenn im Schnittmuster Nahtlinien eingezeichnet sind, diese verwenden. Ein frei gestalteter Tunnelzug wird wie folgt gearbeitet:

1 Je nach Anleitung und Modell die gewünschte Breite des Randes über dem Tunnelzug und die Breite des Tunnels festlegen. Die benötigte Stoffbreite kann dann wie folgt berechnet werden: Zweimal die Randbreite, zweimal die Tunnelbreite und 1 cm zusätzlich für den Einschlag addieren. Nun parallel zur Oberkante eine Linie im Abstand von 2 cm und eine weitere im Abstand der gesamten eben berechneten Breite anzeichnen. Zusätzlich eine Linie mit kurzen Strichen im Abstand der Tunnelbreite über der zweiten Linie markieren.

Ein Beispiel: Der hier abgebildete Beutel hat eine fertige Randbreite von 4,5 cm und einen 1,5 cm breiten Tunnel. Der Tunnelzug benötigt also 13 cm Stoff. Die durchgezogenen Linien werden hier bei 2 cm und 13 cm, die kurzen Striche bei 11,5 cm gesetzt. Zwischen den letzten beiden Linien bleibt später der Tunnelzug offen.

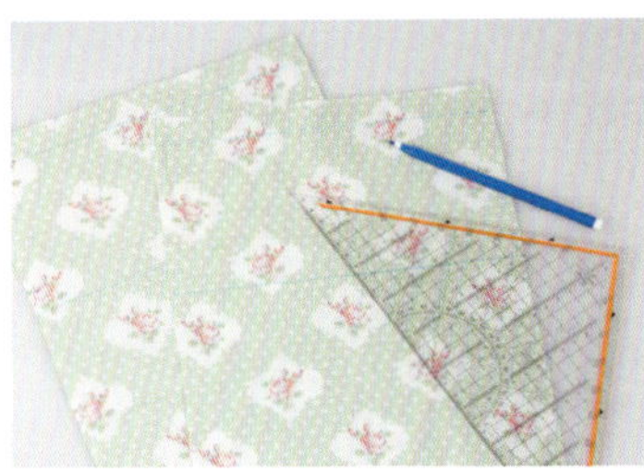

2 Nun alle Seitennähte bis auf die Tunnelöffnung schließen. Dann die obere Schnittkante zuerst 1 cm bis zur ersten Linie, dann nochmals bis zur zweiten durchgezogenen Linie nach links umbügeln und knappkantig feststeppen. Nun für den Tunnel eine Parallelnaht im Abstand der Tunnelbreite zur untersten Linie nach oben versetzt von rechts steppen.

3 Mit einer Sicherheits- oder Gummidurchziehnadel eine Kordel durch den Tunnelzug ziehen.

Stoffstreifen wenden

Schmale Stoffstreifen oder -schläuche, wie z. B. Taschenhenkel, Bindebänder und Halterungen für D-Ringe, müssen nach dem Aufeinandersteppen der langen Seiten gewendet werden. Werden später beide Enden des Streifens in eine Naht eingefasst, müssen die Nahtzugaben an den Schmalseiten zuvor nicht zusammengenäht werden. Ein Stoffstreifen mit geraden Kanten kann statt aus zwei Stoffteilen auch aus einem einzigen, gefalteten bestehen. Dann ist eine Naht weniger zu verarbeiten.

1 An den Streifen die Nahtzugabe wie angegeben anzeichnen.

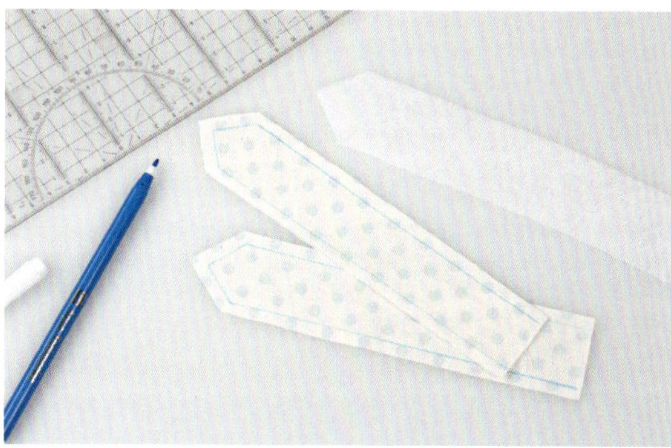

2 Die Streifen entlang der Längsseiten und ggf. einer Schmalseite bzw. der Spitze füßchenbreit zusammensteppen. Die Nahtzugaben aus- bzw. schräg abschneiden (siehe Foto).

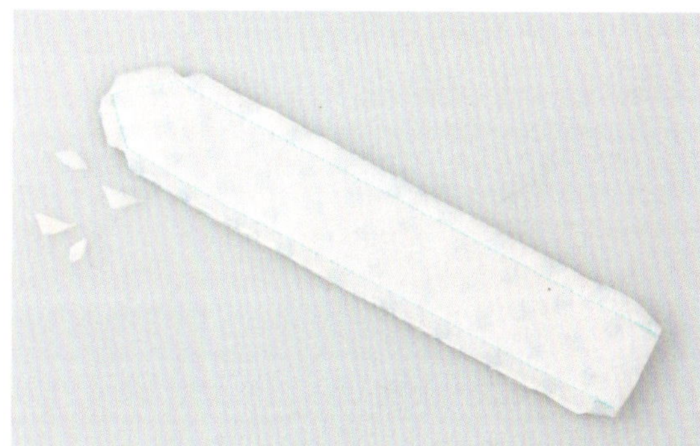

3 Die Wendenadel in den Streifen schieben, am anderen Stoffende einhaken und das Häkchen schließen.

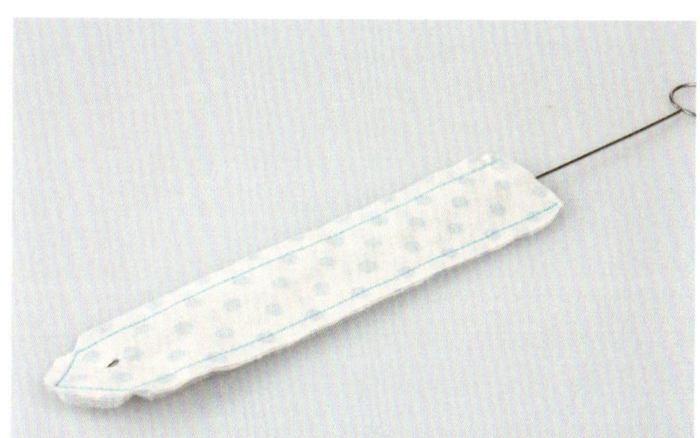

TIPP

Selbst genähte und gewendete Stoffstreifen können Sie wie fertig gekaufte Bänder verarbeiten. Nähen Sie sie z. B. zur Dekoration auf eine Stoffoberfläche oder verzieren Sie eine Kante. So erhalten Sie ein Band, das perfekt zu Ihrem Stoff passt oder können Stoffreste noch kreativ verwerten.

4 Dann die Nadel durch den Stoff zurückziehen und so den Streifen wenden.

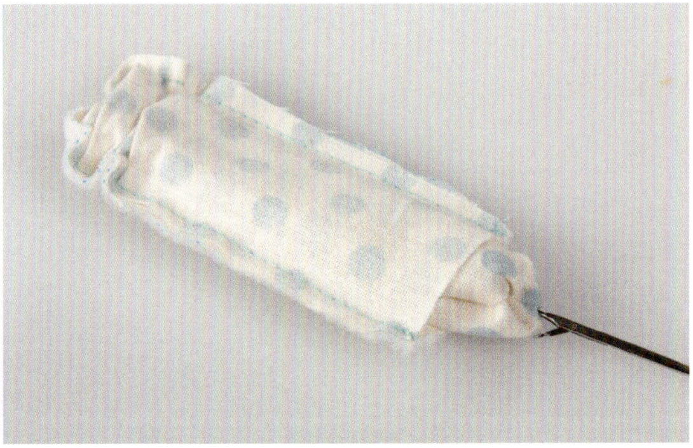

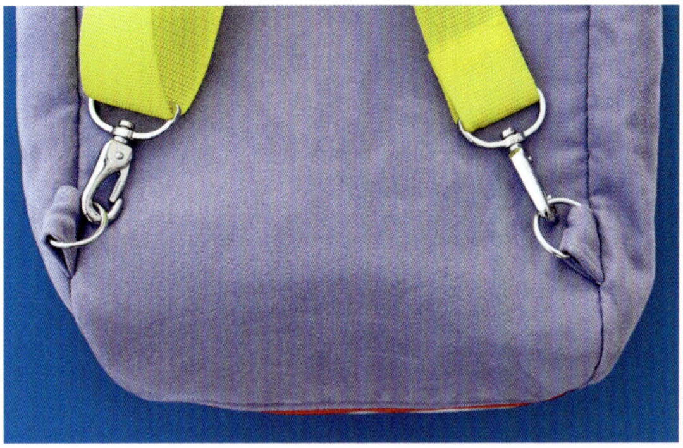

5 Den Streifen glatt bügeln. Dabei darauf achten, dass die Nähte genau an den Kanten liegen. Falls gewünscht, die geschlossenen Kanten absteppen

D-Ring-Halterungen können aus Gurtband oder wie hier aus selbstgenähten Stoffstreifen gearbeitet werden.

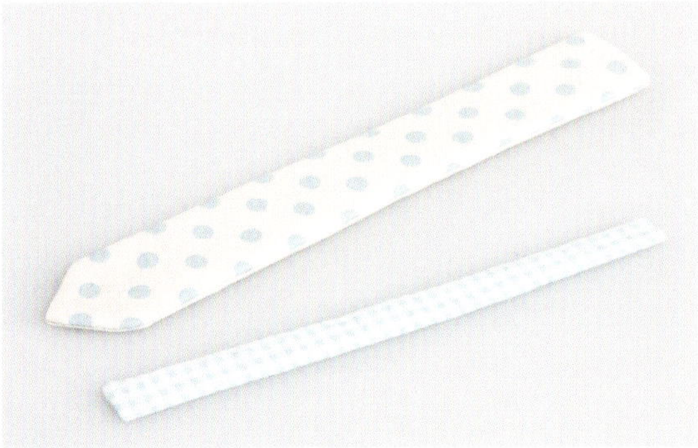

MODELLE

Monika

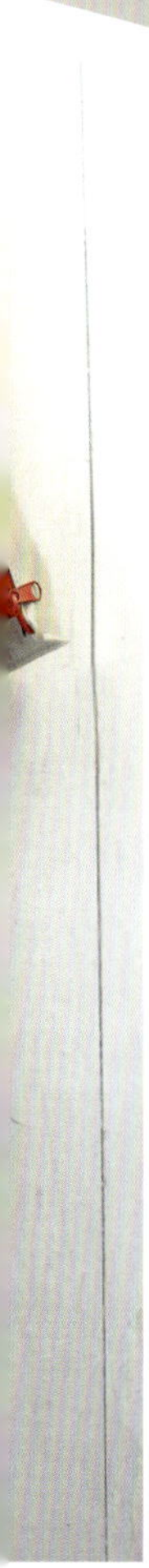

METALLIC STYLE

Mit Kunstleder in der Trendfarbe Rosé

SCHWIERIGKEITSGRAD

GRÖSSE
26 cm x 31 cm

SCHNITTMUSTERBOGEN 1A

DER CLOU

Die Tasche können Sie durch den verstellbaren Träger als Umhängetasche oder Rucksack tragen.

MATERIAL

- Oberstoff 1: Kreativpapier in Roségold Metallic von Swafing, 48 cm x 110 cm (bei Stoff mit Fadenlauf, 140 cm breit, 90 cm)
- Oberstoff 2: Segeltuch in Natur, 140 cm breit, 35 cm
- Gurtband in Natur, 25 mm breit, 1,95 m lang
- Schrägband in Hellblau, 20 mm breit, 90 cm lang
- Kordel in Natur, ø 5 mm, 70 cm lang
- 2 Leiterschnallen, 25 mm breit
- 2 Ösen, ø 8 mm
- Knebelknopf, 40 mm breit

HINWEIS Anstatt Kreativpapier können Sie auch festes Kunstleder, Wachstuch oder Korkstoff verwenden.

WOW! Metallic all over!

ZUSCHNITT

Alle Schnittteile enthalten bereits eine Nahtzugabe von 1 cm. Die Innentasche als Extraschnittmuster aus dem Schnittmuster des Rückteils herauskopieren.

✂ **Oberstoff 1**

1x Rückteil mit Klappe

1x Seitenteil (im Stoffbruch zuschneiden)

1x Riegel

2x Trägerhalterung, 2,5 cm x 6 cm

2x Einfassung für die Trägerenden, 2,5 cm x 6 cm

✂ **Oberstoff 2**

1x Vorderteil

1x Innentasche

ANLEITUNG

Hinweis Die Teile aus Kreativpapier nach dem Zuschnitt und unmittelbar vor der Verarbeitung in der Waschmaschine ohne Waschmittel im Programm „Spülen und Schleudern" waschen. Danach ist das Material geschmeidig und lässt sich leichter verarbeiten als in trockenem, starrem Zustand. Verarbeiten Sie das Kreativpapier, solange es feucht ist. Die Taschenteile nach der Wäsche durchkneten und die Tasche nach der Fertigstellung an den Trägern zum Trocknen aufhängen.

1 Die Kanten des Vorderteils rundherum mit Zickzackstich versäubern. Die Nahtzugabe der Oberkante auf links legen und mit doppelter Naht von rechts feststeppen. Den Knebelknopf gemäß Markierung am Vorderteil festnähen.

2 Für den Kordelverschluss gemäß Markierung ein Loch mit 8 mm Durchmesser in das Rückteil schneiden oder stanzen. Am Riegel eine Öse gemäß Markierung und Herstelleranleitung anbringen. Den Riegel knappkantig rundherum auf die rechte Stoffseite des Rückteils steppen, dabei die Öffnungen zum Durchziehen der Träger gemäß Markierung freilassen.

3 Je eine Trägerhalterung um den Mittelsteg einer Leiterschnalle fädeln, zur Schlaufe legen und gemäß Markierung auf der rechten Stoffseite des Rückteils innerhalb der Nahtzugabe mit geradem Stich fixieren.

4 Die Kanten der Innentasche rundherum mit Zickzackstich versäubern. Ein 28 cm langes Stück Schrägband zurechtschneiden und die Oberkante der Innentasche damit einfassen. Die Innentasche gemäß Markierung links auf links auf das Rückteil aus Oberstoff legen und ringsherum innerhalb der Nahtzugabe mit geradem Stich fixieren.

5 An dem restlichen, 62 cm langen Schrägband die Enden 1,5 cm nach innen klappen. Die Klappe des Rückteils mit dem Schrägband einfassen. Eine Öse gemäß Markierung und Herstelleranleitung an der Klappe anbringen.

6 Die Nahtzugaben an den schmalen Kanten des Seitenteils auf links legen und knappkantig von rechts mit geradem Stich annähen. Die Nahtzugaben des Seitenteils an den Rundungen gleichmäßig einschneiden, um das Nähen später zu erleichtern. Das Seitenteil nacheinander rechts auf rechts an Vorder- und Rückteil nähen. Die Nahtzugaben auf 5 mm zurückschneiden. Die Tasche wenden und die Rundungen ausmodellieren.

7 Für die Träger die Gurtbandenden durch die Öffnungen im Riegel und auf die Leiterschnallen fädeln (siehe Skizze Schritt 8). Die Einfassungen für die Trägerenden mittig quer links auf links falten, um die Enden des Gurtbands legen und mit quadratischer Naht feststeppen.

8 Die Kordel zur Schlaufe legen. Die Enden von außen durch die Ösen im Rückteil fädeln und fest verknoten. Überstehende Enden abschneiden. Die Schlaufe durch die Öse in der Klappe fädeln und zum Schließen um den Knebelknopf legen.

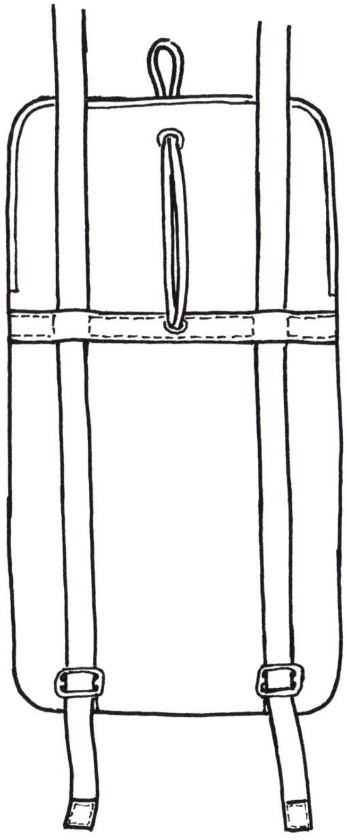

CRAZY GREEN

Hier sind Hingucker garantiert!

SCHWIERIGKEITSGRAD

GRÖSSE
26 cm x 19 cm (geschlossen)
26 cm x 31 cm (offen)

SCHNITTMUSTERBOGEN 1B

DER CLOU

Einfarbig tragen Sie das Modell als große Umhängetasche entweder mit der Plüschseite oder der Verlours-Seite nach vorn. Mit dem Trageriemen an den seitlichen D-Ringen eingeklinkt verwandelt sich die Tasche in eine zweifarbige Foldover – entweder mit der Velours- oder der Plüschseite nach außen.

MATERIAL

- Oberstoff 1: Velours-Stoff in Violett, 140 cm breit, 30 cm
- Oberstoff 2: Plüsch in Limette, 140 cm breit, 35 cm
- Futterstoff: Baumwollstoff in Limette, 140 cm breit, 35 cm
- Gurtband in Natur, 25 mm breit, 1,30 m lang
- Schrägband in Violett, 20 mm breit, 1,10 m lang
- Endlosreißverschluss in Grau mit Raupe in Kupfer, 35 cm lang
- 2 passende Zipper
- 4 D-Ringe, 25 mm breit
- Leiterschnalle, 25 mm breit
- 2 Karabiner, 25 mm breit
- 2 Buchschrauben, ø 10 mm (Kopf) bzw. 5 mm (Schaft), 2 mm hoch
- 2 Lochverstärker für Druckknöpfe und Ösen (z. B. Wonder Dots)

HINWEIS Anstatt Velours-Stoff und Plüsch können Sie auch Canvas, Kunstleder, Wachstuch oder Korkstoff verwenden.

ZUSCHNITT

Alle Teile mit 1 cm Nahtzugabe zuschneiden, ausgenommen die Schnittteile, bei denen die Maße angegeben sind.

✂ **Oberstoff 1**
- 1x Vorderteil
- 1x Beleg
- 2x obere Halterung für D-Ring, 4,5 cm x 8 cm
- 2x seitliche Halterung für D-Ring, 4,5 cm x 4,5 cm

✂ **Oberstoff 2**
- 1x Rückteil

✂ **Futterstoff**
- 1x Rückteil
- 1x Vorderteil
- 1x Beleg
- 2x obere Halterung für D-Ring, 4,5 cm x 8 cm
- 2x seitliche Halterung für D-Ring, 4,5 cm x 4,5 cm

ANLEITUNG

1 Das Rückteil aus Futterstoff links auf links bündig auf das Rückteil aus Oberstoff 2 legen und innerhalb der Nahtzugabe rundherum mit geradem Stich fixieren.

2 Die vier D-Ring-Halterungen aus Oberstoff 1 jeweils rechts auf rechts an den langen Kanten mit den entsprechenden Teilen aus Futterstoff zusammennähen, wenden und bügeln. Die Halterungen auf jeweils auf einen D-Ring fädeln und zur Schlaufe legen.

3 Die beiden Lochverstärker gemäß Markierung und Herstelleranleitung zur Verstärkung der Buchschrauben auf die linke Stoffseite des Belegs aus Oberstoff 1 bügeln. Die beiden oberen D-Ring-Halterungen gemäß Markierung auf der rechten Stoffseite des Belegs innerhalb der Nahtzugabe mit geradem Stich fixieren. Den Beleg rechts auf rechts an das Vorderteil aus Oberstoff 1 nähen, dabei die Halterungen mitfassen. Die beiden Halterungen gemäß Markierung und Herstelleranleitung mittig mit je einer Buchschraube am Beleg fixieren.

4 Die beiden seitlichen Halterungen mit D-Ring gemäß Markierung auf der rechten Stoffseite des Vorderteils aus Oberstoff 1 innerhalb der Nahtzugabe mit geradem Stich fixieren. Die Abnäher in das Vorderteil nähen und nach unten bügeln.

5 Die zwei Zipper gemäß Herstelleranleitung gegenläufig auf den Reißverschluss schieben. Die Belege aus Ober- und Futterstoff bündig rechts auf rechts aufeinanderlegen, den Reißverschluss ganz zwischen die Stofflagen schieben – dabei liegt der Zipper auf dem Oberstoff – und festnähen.

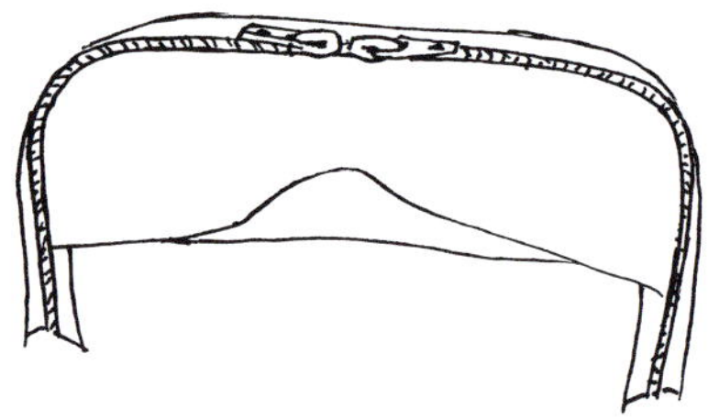

6 Den Beleg aus Futterstoff mit dem entsprechenden Vorderteil rechts auf rechts zusammennähen. Die Abnäher in das Vorderteil aus Futterstoff nähen und nach unten bügeln. Die Arbeit wenden, die Rundungen am Reißverschluss ausmodellieren.

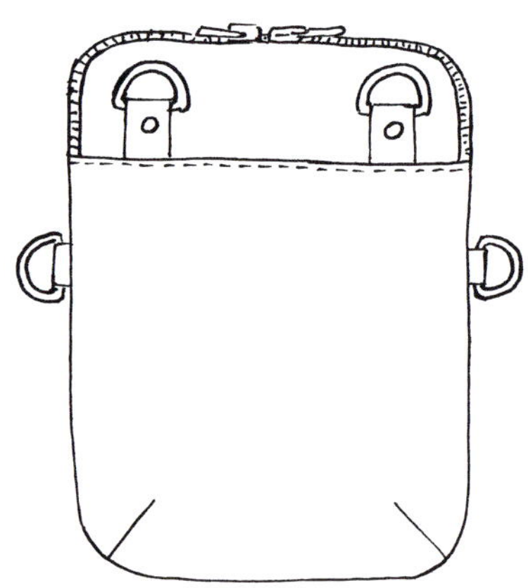

7 Rückteil aus Oberstoff 2 und Futterstoff bündig links auf links legen und die andere Reißverschlusshälfte gemäß Markierung auf der rechten Stoffseite von Oberstoff 2 mit Stecknadeln fixieren. Alle Teile rundherum zusammennähen.

8 Vorder- und Rückteil rechts auf rechts rundherum an den offenen Kanten zusammennähen, dabei die seitlichen D-Ring-Halterungen mitfassen. Die Nahtzugaben auf 3 mm zurückschneiden und mit Schrägband einfassen, dazu an der unteren Mitte beginnen und das Schrägband zunächst rundherum mit Klammern fixieren, das Schrägbandende 2 cm nach innen klappen und über den Anfang des Schrägbands legen. Das Schrägband rundherum annähen. Die Arbeit wenden und die Rundungen ausmodellieren.

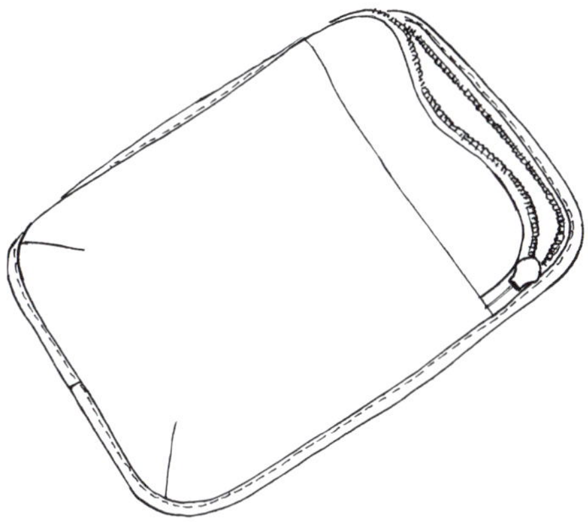

9 Die Leiterschnalle auf das Gurtband schieben. Ein Gurtbandende durch einen Karabiner fädeln, von unten um den Mittelsteg der Leiterschnalle legen, 1 cm umklappen und 5 cm von der Leiterschnalle entfernt annähen. Das andere Gurtbandende 2,5 cm weit in den zweiten Karabiner fädeln und zur Schlaufe legen. Das Ende nochmals 1 cm nach einschlagen und mit rechteckiger Naht annähen. Die Karabiner nach Wunsch in die D-Ringe einhaken.

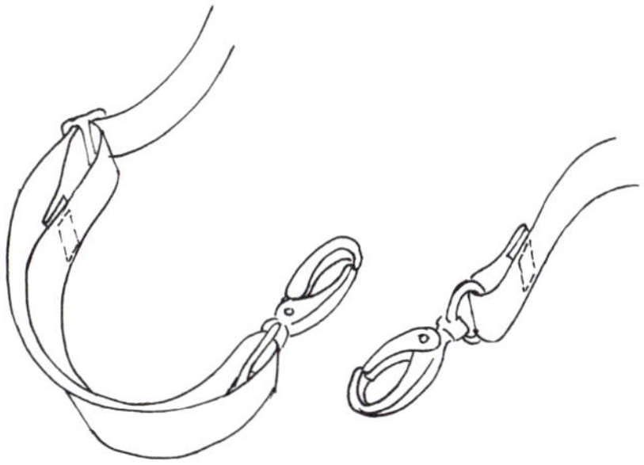

PASTELL TRAUM

Zart und modisch in Grau und Rosa

SCHWIERIGKEITSGRAD ●○○

GRÖSSE
26 cm x 20 cm (umgeklappt)
26 cm x 31 cm (offen)

SCHNITTMUSTERBOGEN 1A

DER CLOU

An den handschmeichelnden Bambusringen tragen Sie das Modell als kleine Handtasche. Mit umgeklapptem Oberteil wird daraus eine stylische Clutch.

MATERIAL

- Oberstoff 1: Velours-Stoff in Rosa, 140 cm breit, 35 cm
- Oberstoff 2: Velours-Stoff in Hellgrau, 140 cm breit, 35 cm
- Futterstoff: Baumwollstoff in Gelb, 140 cm breit, 30 cm
- Vlieseinlage: Vlieseline® S 320, 90 cm breit, 35 cm
- Paspelband in Gelb, 4 mm breit, 90 cm lang
- 2 Bambusringe in Natur, ø 12 cm (außen)
- Magnetknopf
- Trickmarker
- transparenter Nähfuß (Applikationsfuß)
- Kraftkleber
- Acrylfarbe in Gelb
- Malerkrepp oder Washitape
- Gartenschere

HINWEIS Anstatt Velours-Stoff können Sie auch Kunstleder, Canvas, Wachstuch oder Korkstoff verwenden.

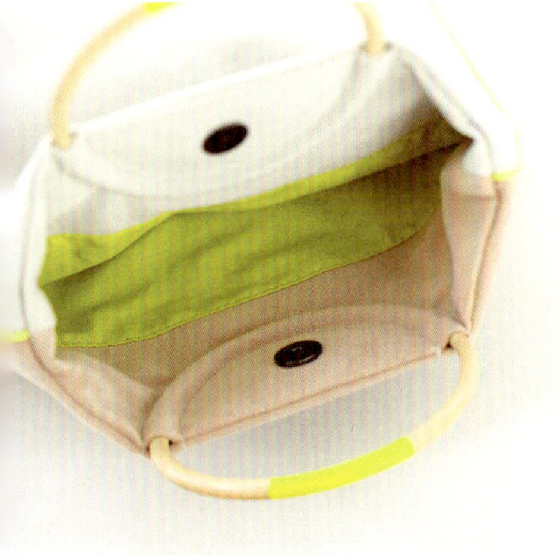

Innenleben in frischem Gelb!

ZUSCHNITT

Das Futterteil als Extraschnittmuster aus dem Schnittmuster für das Vorder- und Rückteil herauskopieren. Alle Teile mit 1 cm Nahtzugabe zuschneiden, ausgenommen die Schnittteile, bei denen die Maße angegeben sind.

✂ **Oberstoff 1**
1x Vorderteil
1x Beleg

✂ **Oberstoff 2**
1x Rückteil
1x Beleg

✂ **Futter**
2x Futterteil

✂ **Vlieseinlage**
1x Vorderteil
1x Rückteil
2x Verstärkung für den Magnetknopf, 3 cm x 3 cm

ANLEITUNG

1 Die Teile aus Vlieseinlage auf die linke Stoffseite der entsprechenden Teile aus Oberstoff bügeln. Die Verstärkungen für den Magnetknopf an den Belegen mittig über der entsprechenden Markierung auf die linke Stoffseite bügeln.

2 Die beiden Teile des Magnetknopfs gemäß Markierung und Herstelleranleitung jeweils auf der rechten Stoffseite der Belege anbringen. Die Belege rechts auf rechts an die Futterteile nähen. Die Nähte von rechts knappkantig absteppen. Die Futtertasche an den Seiten und am Boden rechts auf rechts zusammennähen, dabei am Boden eine 20 cm lange Wendeöffnung lassen. Die Nahtzugabe an den Rundungen bis kurz vor die Naht zurückschneiden.

3 Das Paspelband auf der rechten Stoffseite des Vorderteils aus Oberstoff 1 an den Seiten und am Boden der Tasche auf der Nahtlinie aufnähen.

4 Vorder- und Rückteil aus Oberstoff rechts auf rechts legen und auf der Paspelnaht zusammennähen. Die Nahtzugabe an den Rundungen bis kurz vor die Naht zurückschneiden. Die Futtertasche rechts auf rechts in die Tasche aus Oberstoff schieben. Die beiden Taschenteile an der Oberkante zusammennähen, dabei die markierten Öffnungen für den Tunnelzug der Bambusringe offen lassen. Die Tasche wenden. Die Nahtzugaben der Wendeöffnung einschlagen und die Wendeöffnung von rechts knappkantig mit geradem Stich schließen. Die Futtertasche in die Oberstofftasche schieben und die Naht an der Oberkante bügeln.

5 Für die Tunnelzüge die Stepplinien auf den Außenseiten der Tasche mit Hilfe der Schablone (Schnittmusterbogen) und Trickmarker anzeichnen (testen Sie den Trickmarker zuvor an einem Reststück Stoff, ob er sich auch gut wieder entfernen lässt). Die Stofflagen rund um die Halbkreismarkierung mit Stecknadeln fixieren, dabei darauf achten, dass die Teile des Magnetknopfs in der Mitte der Halbkreise liegen. Die Tunnelzüge gemäß Markierung auf der Außenseite von Vorder- und Rückteil mit einem transparenten Nähfuß steppen (siehe Skizze Schritt 6). Die Markierungslinien mit einem sauberen, feuchten Tuch entfernen.

6 Die Bambusringe mit einer Gartenschere aufschneiden und in die Tunnelzüge fädeln. Die Ringe mit Kraftkleber wieder zusammenkleben. Trocknen lassen. Anschließend die geklebten Stellen ins Innere des Tunnelzugs schieben, sodass sie nicht mehr zu sehen sind.

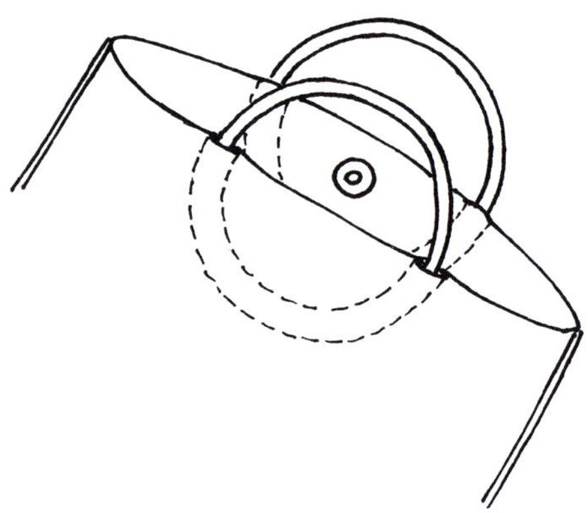

7 Für den farbigen Akzent am Griff die Bambusringe auf 6 cm Länge mit Acrylfarbe bemalen. Für eine saubere Farbkante den entsprechenden Bereich vorher links und rechts mit Malerkrepp oder Washitape abkleben. Trocknen lassen.

ALLES IM GRIFF

Handtasche, Kulturbeutel & Schminktäschchen

SCHWIERIGKEITSGRAD ●●○

GRÖSSE
30 cm x 21 cm (ohne Henkel)

SCHNITTMUSTERBOGEN 2A

DER CLOU

Im angeknöpften Geschirr aus gelbem Gurtband tragen Sie die Tasche als Hand- oder Umhängetasche. Die im Inneren von Druckknöpfen gehaltene Extratasche hält wichtige Dinge stets griffbereit. Ohne Geschirr nutzen Sie die Tasche als praktischen Kulturbeutel. Die Extratasche wird als Vordertasche für Schminksachen an den freien äußeren Druckknöpfen befestigt.

MATERIAL

- Oberstoff 1: Canvas in Blau-Weiß gestreift 140 cm breit, 60 cm
- Oberstoff 2: Netzstoff in Weiß, 140 cm breit, 25 cm
- Futterstoff: beschichteter Baumwollstoff in Rosa, 140 cm breit, 60 cm
- Vlieseinlage: Decovil I Light, 90 cm breit, 60 cm
- Reißverschluss in Hellblau , 45 cm lang
- Reißverschluss in Gelb, 25 cm lang
- Gurtband in Gelb, 25 mm breit, 4,60 m lang
- Schrägband in Koralle, 20 mm breit, 32 cm lang
- 2 D-Ringe, 25 mm breit
- Leiterschnalle, 25 mm breit
- 2 Karabiner, 25 mm breit
- 6 Druckknöpfe, ø 15 mm

HINWEIS **Anstatt Canvas können Sie auch Kunstleder, Wachstuch oder Korkstoff verwenden.**

ZUSCHNITT

Alle Teile mit 1 cm Nahtzugabe zuschneiden, ausgenommen die Schnittteile, bei denen die Maße angegeben sind. Die Oberkante der Innentasche aus Oberstoff 2 ebenfalls ohne Nahtzugabe zuschneiden.

✂ **Oberstoff 1**

1x Taschenteil

1x Vordertasche (im Stoffbruch zuschneiden)

2x Reißverschlusseinfassung, 2,5 cm x 5 cm

✂ **Oberstoff 2**

1x Innentasche

✂ **Futterstoff**

1x Taschenteil

1x Vordertasche (im Stoffbruch zuschneiden)

✂ **Vlieseinlage**

1x Taschenteil

ANLEITUNG

1 Die Oberkante der Innentasche mit dem Schrägband einfassen. Die Innentasche auf der späteren Taschenrückseite gemäß Markierung rechts auf rechts auf das Taschenteil aus Futterstoff legen (die Taschenoberkante zeigt in Richtung späteres Taschenvorderteil) und an der Unterkante feststeppen. Die Innentasche anschließend links auf rechts auf die spätere Rückseite klappen und an den Seiten innerhalb der Nahtzugabe des Futterteils (späteres Taschenrückteil) mit geradem Stich fixieren (siehe Skizze). Die Innentasche gemäß Markierung in zwei Teile absteppen und die Naht an der Oberkante zusätzlich mit einem genähten V verstärken. An der späteren Taschenvorderseite gemäß Markierung und Herstelleranleitung zwei Druckknopfunterteile im Futter befestigen.

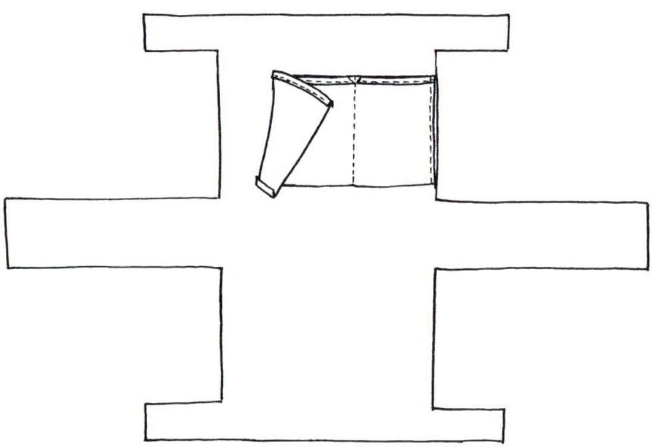

2 Das Taschenteil aus Vlieseinlage gemäß Herstelleranleitung auf die linke Stoffseite des Taschenteils aus Oberstoff 1 bügeln. Vier Druckknopfunterteile gemäß Markierung und Herstelleranleitung befestigen.

3 Die Reißverschlusseinfassungen mittig quer links auf links falten, ggf. bügeln. Wieder aufklappen und in der Bruchkante rechts auf rechts auf die Enden des 45 cm langen Reißverschlusses nähen. Die Rechtecke entlang der Naht wieder links auf links falten und die Nähte knappkantig von rechts absteppen.

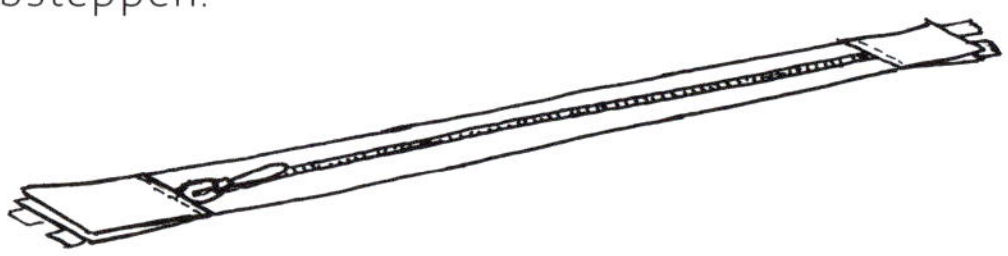

4 Die Taschenteile aus Ober- und Futterstoff bündig rechts auf rechts legen. Den Reißverschluss an der Oberkante ganz zwischen die Lagen schieben, sodass der Zipper auf dem Oberstoff 1 liegt. Den Reißverschluss bis vor die seitlichen Nahtzugaben annähen und die Naht von rechts knappkantig absteppen. Die Tasche auf links wenden. Die zweite Reißverschlusshälfte bündig zwischen die noch offenen Oberkanten legen und bis vor die seitliche Nahtzugabe annähen. Den Reißverschluss öffnen, die Tasche wenden und die Naht von rechts knappkantig absteppen.

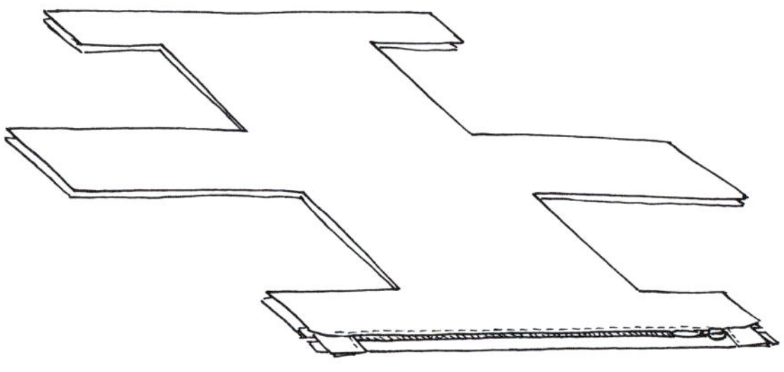

5 Die Nahtzugabe von Ober- und Futterstoff in den Ecken zwischen Boden bzw. Reißverschlussblende und Vorder- und Rückteil schräg bis vor die Nahtlinie einschneiden. Die beiden schmalen Kanten von Reißverschlussblende und Boden aus Futterstoff rechts auf rechts zusammennähen. Die Seitennähte im Futterstoff schließen. Dabei an einer Seite eine 12 cm lange Wendeöffnung lassen. Die beiden schmalen Kanten von Reißverschlussende und Boden aus Oberstoff 1 rechts auf rechts zusammennähen und anschließend die Seitennähte im Oberstoff schließen.

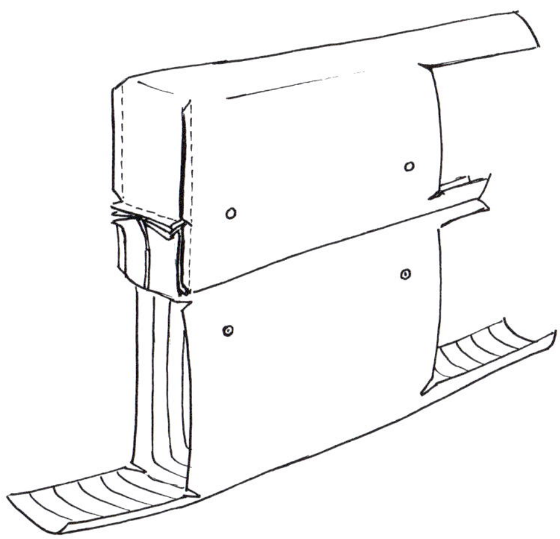

6 Ein 1,63 cm langes Stück Gurtband zurechtschneiden. Das Gurtband zur Hälfte aufeinanderlegen, dabei darauf achten, dass das Gurtband nicht verdreht ist, und die Gurtbandenden mit 1 cm Nahtzugabe zusammennähen. Die Nahtzugaben auseinanderklappen und auf dem Gurtband mit einer rechteckigen Naht festnähen. Den Gurtbandring wieder zur Hälfte legen und jeweils 20 cm von den Enden entfernt beidseitig Löcher für vier Druckknopfoberteile stanzen.

7 Zwei 74 cm lange Stücke Gurtband zurechtschneiden. Das Gurtband zur Hälfte aufeinanderlegen, dabei darauf achten, dass das Gurtband nicht verdreht ist, und die Gurtbandenden mit 1 cm Nahtzugabe zusammennähen. Die Nahtzugaben auseinanderklappen und auf dem Gurtband mit einer rechteckigen Naht festnähen. Einen Gurtbandring wieder zur Hälfte legen und beidseitig jeweils 8 cm von den Enden entfernt vier Löcher für die Druckknopfoberteile stanzen

8 Die kleinen Gurtbandringe gemäß Markierung im Schnitt des Taschenteils mit Stecknadeln auf dem großen Gurtbandring fixieren, dabei darauf achten, dass die Löcher bündig aufeinanderliegen und die Ringe nicht verdreht sind. Die Ringe an den Schnittstellen mit einer quadratischen Naht zusammennähen. Zwei 6 cm lange Stücke Gurtband zurechtschneiden, jeweils durch einen D-Ring fädeln und zur Schlaufe legen. Die Schlaufen mittig auf der Naht des oberen Gurtbandrings und dessen Bruchkante mit geradem Stich fixieren. In den gestanzten Löchern vier Druckknopfoberteile anbringen. Die Tasche in das Gurtbandgeschirr einsetzen und die Druckknöpfe schließen.

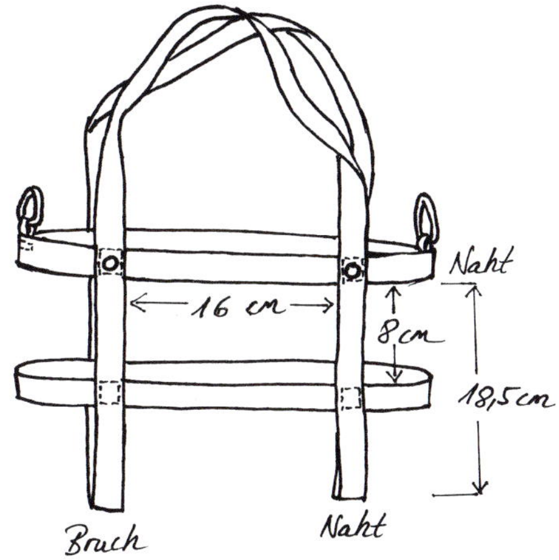

9 Ein 1,35 m langes Stück Gurtband zurechtschneiden. Ein Gurtbandende durch die Leiterschnalle ziehen, in einen Karabiner fädeln, von unten um den Mittelsteg der Leiterschnalle legen, 1 cm umschlagen und 5 cm von der Leiterschnalle entfernt annähen. Das zweite Gurtbandende 3 cm weit auf den zweiten Karabiner fädeln und zur Schlaufe legen. Das Ende 1 cm umklappen und mit einer rechteckigen Naht annähen. Die Karabiner in die D-Ringe einhaken. Die Tasche können Sie nun als Hand- oder Umhängetasche tragen.

10 Die Vordertasche aus Oberstoff 1 links auf links bündig auf die Vordertasche aus Futterstoff legen und die Stofflagen rundherum innerhalb der Nahtzugabe mit geradem Stich fixieren. Die Nahtzugaben mit Zickzackstich versäubern.

11 Zwei Druckknopfoberteile gemäß Markierung und Herstelleranleitung durch beide Stofflagen an der Außenseite der Vordertasche anbringen.

12 Eine Hälfte des 25 cm langen Reißverschlusses rechts auf rechts an einer Oberkante der Vordertasche der Länge nach feststeppen, dabei liegt der Zipper auf dem Oberstoff und die Naht knappkantig absteppen. Den Reißverschluss öffnen und die andere Seite des Reißverschlusses rechts auf rechts an die zweite Oberkante nähen. Die Naht von rechts knappkantig absteppen.

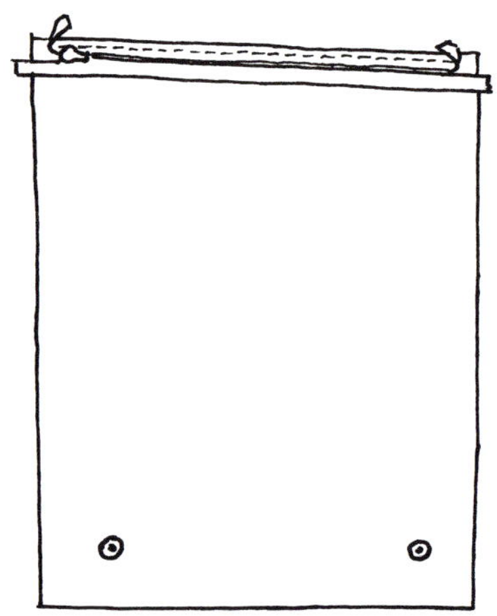

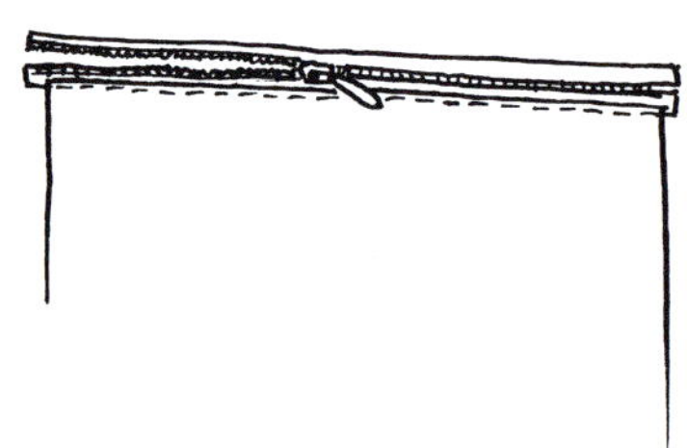

13 Die Vordertasche auf links wenden. Die Tasche an den Seiten rechts auf rechts zusammennähen. Die Nahtzugabe an den Ecken bis kurz vor die Naht zurückschneiden. Die Arbeit wenden und die Ecken ausmodellieren. Die Vordertasche im Inneren der großen Tasche an den Druckknopfunterseiten am Futterteil befestigen oder ohne Geschirr an die freien Druckknöpfe auf der Außenseite der Tasche.

LIKE MY PICTURE

Ein Bild sagt mehr als tausend Worte …

SCHWIERIGKEITSGRAD ●●○

GRÖSSE
18 cm x 13 cm

SCHNITTMUSTERBOGEN 1A

DER CLOU

Gürtel-, Schulter- oder Umhängetasche – Sie haben die Wahl, je nachdem, wo Sie den Trägerriemen einklinken. Schmücken Sie das Vorderteil mit Ihrem Lieblingsbild und gestalten Sie die Tasche nach Lust und Laune immer wieder neu.

MATERIAL

- Oberstoff 1: festes Kunstleder in Silber, 140 cm breit, 15 cm
- Oberstoff 2: PVC-Schutzfolie für Tischdecken in Transparent, 45 cm x 15 cm
- Vlieseinlage: Decovil I Light, 90 cm breit, 15 cm
- Paspelband in Gelb, 4 mm breit, 65 cm lang
- nicht teilbarer Kunststoffreißverschluss in Petrol, 30 cm lang
- Gurtband in Grau, 40 mm breit, 1,45 m lang
- Schrägband in Petrol, 20 mm breit, 1,45 m lang
- Schrägband in Gelb, 20 mm breit, 1,40 m lang
- 4 Nieten, ø 7,5 mm, 3-4 mm hoch
- 2 D-Ringe, 25 mm breit
- 2 Karabiner, 40 mm breit
- Leiterschnalle, 40 mm breit
- Cuttermesser oder Rollschneider

HINWEIS Anstatt festem Kunstleder können Sie auch Wachstuch oder Korkstoff verwenden.

ZUSCHNITT

Alle Teile mit 1 cm Nahtzugabe zuschneiden, ausgenommen die Schnittteile, bei denen die Maße angegeben sind.

✂ **Oberstoff 1**
1x Rückteil
2x Reißverschlussblende
1x Boden
2x Gürtelhalterung, 2,5 cm x 9 cm

✂ **Oberstoff 2**
2x Vorderteil

✂ **Vlieseinlage**
1x Rückteil
2x Reißverschlussblende
1x Boden
2x Gürtelhalterung, 2,5 cm x 9 cm

HINWEIS Für das Nähen von Kunstleder empfiehlt sich die Verwendung eines Teflonnähfußes. Alternativ können Sie die Unterseite eines herkömmlichen Nähmaschinenfußes mit Washitape bekleben oder Sie legen vor dem Nähvorgang Seidenpapier auf die Naht.

ANLEITUNG

1 Ein Vorderteil entlang der Markierung mit einem Cuttermesser oder Rollschneider teilen. Die beiden Teile bündig links auf links auf das andere Vorderteil legen. Aufgrund der statischen Aufladung der PVC-folie haften die Teile von selbst aufeinander, sodass sie nicht zusätzlich fixiert werden müssen.

2 Die Naht des Paspelbands an einem Ende 2 cm weit öffnen und die innenliegende Kordel 2 cm zurückschneiden. Das offene Ende 1 cm nach innen klappen.

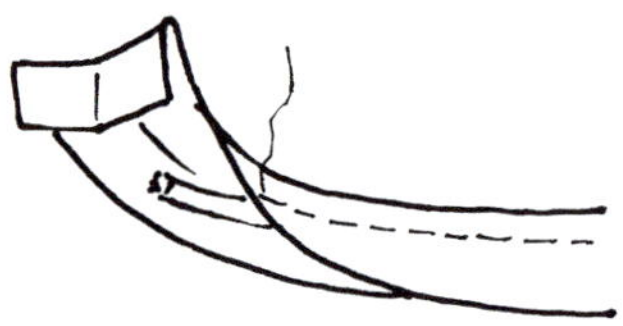

3 Die Paspel rundherum von der (ungeteilten) Außenseite des Vorderteils her auf beiden Lagen Oberstoff 2 mit Klammern fixieren, dabei mit dem offenen Paspelende an der unteren Mitte beginnen und zum Schluss das geschlossene Paspelende unter das eingeschlagene Paspelende schieben; das geschlossene Paspelende ggf. etwas zurückschneiden. Die Paspel annähen.

4 Die Teile aus Vlieseinlage gemäß Herstelleranleitung auf die linke Stoffseite der entsprechenden Teile aus Oberstoff 1 bügeln.

5 Die Gürtelhalterungen jeweils 2 cm weit in einen D-Ring fädeln und zur Schlaufe legen. Die Halterungen mit den D-Ringen nach oben auf die rechte Stoffseite des Rückteils legen und mit zwei Nieten gemäß Markierung befestigen, dabei die Schlaufe mitfassen (siehe Foto rechts).

6 Die Reißverschlussblenden nacheinander rechts auf rechts an den langen Kanten mit dem Reißverschluss zusammennähen. Den Reißverschluss auf die Länge der Blenden kürzen. Die Nähte knappkantig von rechts absteppen.

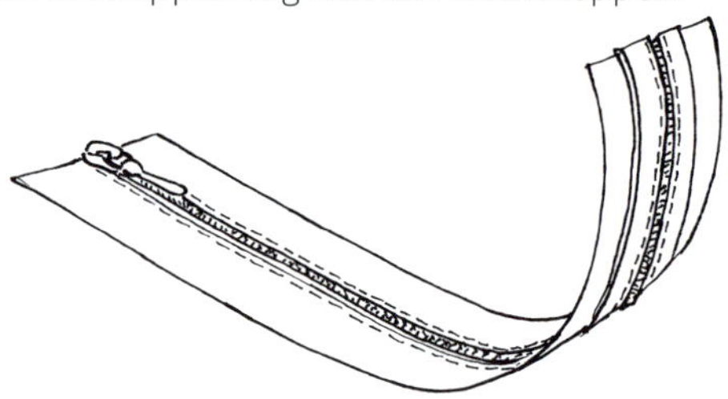

7 Die Reißverschlussblende rechts auf rechts an die schmalen Kanten des Bodens nähen. Die Nahtzugaben auf 5 mm zurückschneiden. Zwei 5,5 cm lange Stücke gelbes Schrägband zurechtschneiden. Die Nahtzugaben der schmalen Kanten mit dem Schrägband einfassen. Die Nahtzugaben nach unten bügeln und die Nähte knappkantig von rechts absteppen.

8 Den Reißverschluss zum späteren Wenden 10 cm weit öffnen. Vorder- und Rückteil nacheinander rechts auf rechts mit dem Ring aus Boden und Reißverschlussteil zusammennähen. Die Nahtzugaben auf 5 mm zurückschneiden.

9 Zwei 63 cm lange Stücke gelbes Schrägband zurechtschneiden. Die eben genähten Kanten mit dem Schrägband einfassen, dazu an der unteren Mitte beginnen und das Schrägband zunächst rundherum mit Klammern fixieren, das Schrägbandende 2 cm nach innen klappen und über den Anfang des Schrägbands legen. Das Schrägband rundherum annähen. Die Arbeit wenden und die Rundungen ausmodellieren.

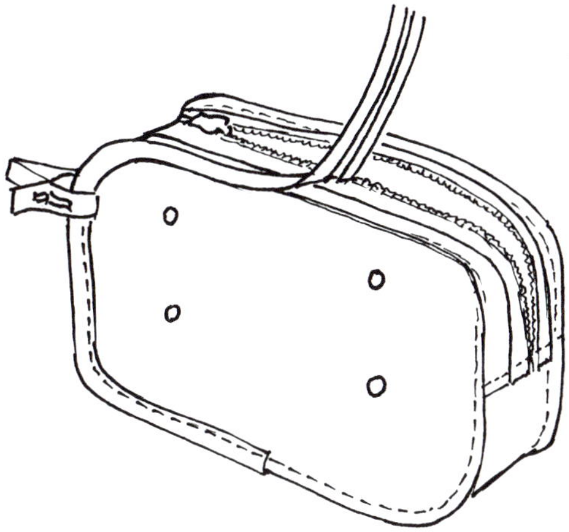

12 Ein Foto nach Wunsch auf die Größe des Vorderteils zurechtschneiden und durch den Schlitz im Inneren in das Vorderteil schieben.

10 Das petrolfarbene Schrägband der Länge nach mittig auf dem Gurtband fixieren und rundherum knappkantig aufsteppen.

11 Ein Gurtbandende 5 cm weit auf einen Karabiner fädeln und zur Schlaufe legen. Das Gurtbandende 2 cm umklappen und mit geradem Stich annähen. Das andere Gurtbandende durch die Leiterschnalle ziehen, in den zweiten Karabiner fädeln, von unten um den Mittelsteg der Leiterschnalle legen, 2 cm umschlagen und 5 cm von der Leiterschnalle entfernt mit geradem Stich annähen. Die Karabiner in je einen D-Ring einhaken.

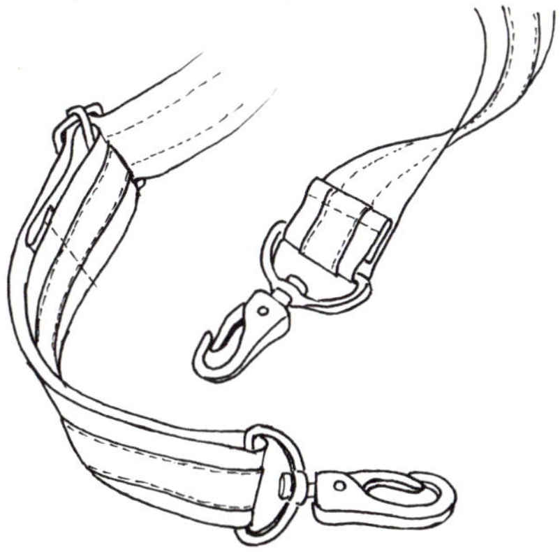

BUSINESS TRIP

Hier ist der Laptop chic verstaut

SCHWIERIGKEITSGRAD ●●●

GRÖSSE
33 cm x 41 cm

SCHNITTMUSTERBOGEN 2A

DER CLOU

Die Laptoptasche können Sie als Umhänge- und Schultertasche im Querformat tragen, wenn die Karabiner des Trägers in die seitlichen D-Ringe eingehakt sind. Zu einem Rucksack im Hochformat wird die Tasche, indem Sie den Träger durch die Schlaufe am Henkel ziehen und die Karabiner in die D-Ringe am Rückteil einhaken.

MATERIAL

- Oberstoff 1: Möbelstoff in Petrol, 140 cm breit, 60 cm (bei Stoffwahl mit Fadenlauf 75 cm)
- Oberstoff 2: grob gewebter Möbelstoff in Hellblau, 140 cm breit, 30 cm
- Futterstoff: Baumwollstoff in Gelb, 140 cm breit, 65 cm
- Vlieseinlage: Style-Vil Polstereinlage, 90 cm breit, 75 cm
- Endlosreißverschluss in Grau mit Raupe in Kupfer, 85 cm lang
- 2 passende Zipper
- Reißverschluss in Gelb, 25 cm lang
- Gurtband in Gelb, 25 mm breit, 70 cm lang
- Gurtband in Gelb, 40 mm breit, 1,30 m lang
- 4 D-Ringe, 25 mm breit
- 2 Leiterschnallen, 40 mm breit
- 2 Karabiner, 40 mm breit
- 6 Buchschrauben, ø 10 mm (Kopf) bzw. ø 5 mm (Schaft), 2 mm hoch

ZUSCHNITT

Alle Teile mit 1 cm Nahtzugabe zuschneiden, ausgenommen die Schnittteile, bei denen die Maße angegeben sind. Die Innentasche als Extraschnittmuster aus dem Schnittmuster für das Rückteil herauskopieren.

✂ **Oberstoff 1**

1x Vorderteil
1x Rückteil
1x Streifen für den Träger,
12 cm x 74 cm

✂ **Oberstoff 2**

1x Boden
1x Seitenteil 1
1x Seitenteil 2
1x Seitenteil 3
1x Seitenteil 4
1x Innentasche
2x Reißverschlusseinfassung, 2,5 cm x 4 cm

✂ **Futterstoff**

1x Vorderteil
1x Rückteil
1x Boden
1x Seitenteil (im Stoffbruch zuschneiden)

✂ **Vlieseinlage**

1x Vorderteil
1x Rückteil
1x Boden
1x Seitenteil 1
1x Seitenteil 2
1x Seitenteil 3
1x Seitenteil 4
1x Streifen für den Träger, 4,5 cm x 70 cm

HINWEIS **Anstatt Möbelstoff können Sie auch Canvas, Kunstleder, Wachstuch oder Korkstoff verwenden.**

ANLEITUNG

1 Die Nahtzugabe der Innentasche aus Oberstoff 2 an der Oberkante mit Zickzackstich versäubern, auf links legen und von rechts knappkantig feststeppen. Die Innentasche gemäß Markierung links auf rechts auf dem Rückteil aus Futterstoff seitlich und am Boden mit geradem Stich innerhalb der Nahtzugabe fixieren.

2 Die Reißverschlusseinfassungen mittig quer links auf links falten, ggf. bügeln. Wieder aufklappen und an der Bruchkante rechts auf rechts auf die Enden des kurzen Reißverschlusses nähen. Die Rechtecke entlang der Naht wieder links auf links falten und die Nähte knappkantig von rechts absteppen.

3 Das Vorderteil aus Oberstoff 1 gemäß Markierung einschneiden und die Schittkanten auf links bügeln. Den kurzen Reißverschluss gemäß Markierung von unten in die Öffnung legen, dabei darauf achten, dass der Schieber in Richtung Taschenoberkante zeigt. Den Reißverschluss mit Nadeln fixieren und von rechts rundherum feststeppen.

4 Die Teile aus Vlieseinlage bündig auf die linke Stoffseite der entsprechenden Taschenteile aus Oberstoff 1 und 2 legen, ausgenommen den Streifen für den Träger. Die Vlieseinlage jeweils innerhalb der Nahtzugabe rundherum mit geradem Stich fixieren. Das Vorderteil gemäß Markierung von rechts absteppen.

5 Von dem 40 mm breiten Gurtband ein 45 cm langes Stück für die rückseitige Trägerhalterung zurechtschneiden. Die Enden 2 cm auf links umklappen und das Gurtband an den vier markierten Stellen mit rechteckiger Naht und Kreuz auf der rechten Stoffseite des Rückteils aus Oberstoff 1 annähen. Zur zusätzlichen Fixierung an den oberen Kreuznähten mittig je eine Buchschraube gemäß Markierung und Herstelleranleitung durch die Lagen aus Gurtband, Oberstoff und Vlieseinlage anbringen.

6 Von dem 25 mm breiten Gurtband zwei 12 cm lange Stücke zurechtschneiden. Die Stücke jeweils durch einen D-Ring fädeln und zur Schlaufe legen. Die Schlaufen gemäß Markierung auf der rechten Stoffseite des Rückteils aus Oberstoff 1 schräg innerhalb der Nahtzugabe mit geradem Stich fixieren. Die überstehenden Enden auf 1 cm zurückschneiden.

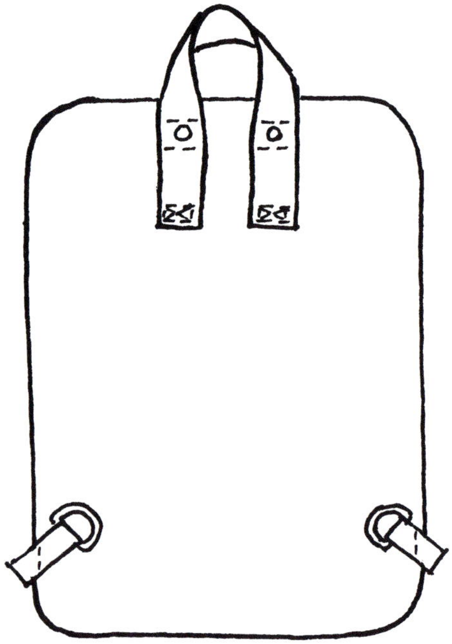

7 Von dem 25 mm breiten Gurtband ein 28 cm langes Stück für den seitlichen Henkel zurechtschneiden und gemäß Markierung mit beidseitig 2,5 cm überstehenden Enden innerhalb der Nahtzugabe der schmalen Kanten von Seitenteil 3 mit geradem Stich fixieren (der fertige Henkel hat eine Länge von 23 cm).

8 Von dem 25 mm breiten Gurtband zwei 8 cm lange Stücke für die seitlichen D-Ringhalterungen zurechtschneiden. Die Stücke jeweils durch einen D-Ring fädeln und zur Schlaufe legen. Die Schlaufen jeweils mit 2,5 cm überstehendem Ende gemäß Markierung an jeweils einer schmalen Kante von Seitenteil 2 und 4 innerhalb der Nahtzugabe mit geradem Stich fixieren.

9 Die Seitenteile aus Oberstoff nacheinander gemäß Markierung rechts auf rechts zusammennähen. Die Nahtzugaben auseinanderklappen und die Nähte von rechts absteppen, dabei die 2,5 cm überstehenden Gurtbandenden von Seitenteil 1, 2 und 3 jeweils auf das angrenzende Seitenteil legen. Je eine Buchschraube gemäß Markierung von rechts anbringen, um die Gurtbandstücke zusätzlich zu fixieren.

10 Die zwei Zipper gemäß Herstelleranleitung gegenläufig auf den Endlosreißverschluss fädeln. Die Seitenteile aus Oberstoff und Futterstoff rechts auf rechts aufeinanderlegen, den Endlosreißverschluss gemäß Markierung ganz zwischen die Lagen schieben, sodass die Zipper auf dem Seitenteil aus Oberstoff liegen. Den Reißverschluss mit Stecknadeln fixieren und bis vor die Nahtzugabe der schmalen Kanten annähen. Die Naht von rechts knappkantig absteppen.

11 Die Böden aus Oberstoff und Futterstoff bündig rechts auf rechts legen. Das Seitenteil gemäß Markierung an den entsprechenden schmalen Kanten jeweils zwischen die Lagen schieben. Die Teile jeweils bis vor die seitlichen Nahtzugaben zusammennähen, sodass ein Ring entsteht. Die Nahtzugaben auseinanderklappen und die Nähte beidseitig von rechts absteppen. Das überstehende Gurtbandende von Seitenteil 4 auf den Boden legen und eine Buchschraube gemäß Markierung zur zusätzlichen Fixierung der D-Ring-Halterung am Boden aus Oberstoff anbringen (siehe Skizze Schritt 9).

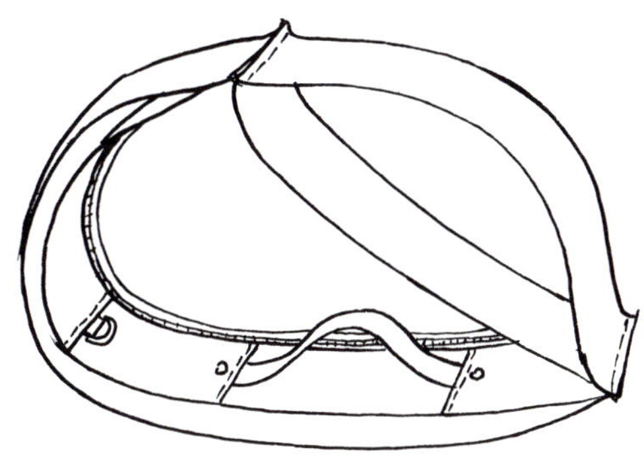

12 Das Vorderteil aus Futterstoff rechts auf rechts rundherum mit Stecknadeln an Reißverschluss und Boden aus Futterstoff fixieren. Die Nahtzugaben von Reißverschluss und Boden an den Rundungen zum leichteren Nähen gleichmäßig bis kurz vor die Nahtlinie bzw. Reißverschlussraupe einschneiden. Die Nahtzugaben zwischen Reißverschluss und Boden auseinanderklappen und die Futterteile zusammennähen. Den Reißverschluss öffnen. Das Vorderteil aus Oberstoff mit dem Ring aus Oberstoff am Reißverschluss und am Boden rechts auf rechts zusammennähen. Die Rückteile aus Futter- und Oberstoff nacheinander rechts auf rechts mit den entsprechenden Ringen aus Ober- und Futterstoff zusammennähen, dabei im Futter am Boden eine 25 cm lange Wendeöffnung lassen. Die Nahtzugaben an den Rundungen auf 5 mm zurückschneiden, die Arbeit wenden und die Rundungen ausmodellieren. Die Nahtzugaben der Wendeöffnung im Futter einschlagen und die Wendeöffnung von rechts knappkantig mit geradem Stich schließen.

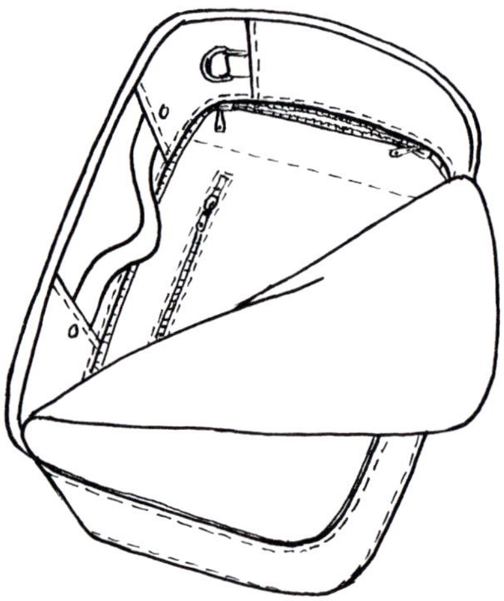

13 Die schmalen Kanten des Streifens für den Träger aus Oberstoff 1 cm umklappen. Den Streifen der Länge nach rechts auf rechts falten und an der langen Kante zusammennähen, die umgeklappten Nahtzugaben dabei mitfassen. Den Schlauch wenden und den Streifen für den Träger aus Vlieseinlage jeweils bis 1 cm von den Öffnungen entfernt in den Träger einziehen. Von dem 40 mm breiten Gurtband zwei 41 cm lange Stücke zurechtschneiden. Je ein Gurtbandstück mit einem Ende 2 cm weit in eine Öffnung des Trägers schieben und knappkantig mit rechteckiger Naht und Kreuz durch alle Stofflagen feststeppen. Den Träger zum Schluss einmal der Länge nach mittig absteppen.

14 Die Leiterschnallen jeweils auf die Gurtbänder des Trägers ziehen. Die Gurtbandenden durch einen Karabiner fädeln, von unten um den Mittelsteg der Leiterschnalle legen, 2 cm umklappen und 5 cm von der Leiterschnalle entfernt feststeppen. Die Karabiner nach Wunsch in die seitlichen D-Ringe einhaken oder für die Rucksackvariante den Träger durch die Schlaufe am Rücken ziehen und die Karabiner in die D-Ringe am Rückteil einhaken.

ADDING BAG

Für Ordnungsfans und Chaosqueens

SCHWIERIGKEITSGRAD ●●○

GRÖSSE
26 cm x 15 cm (kleine Tasche)
26 cm x 20,5 cm (mittlere Tasche)
26 cm x 26 cm (große Tasche)

SCHNITTMUSTERBOGEN 1A

DER CLOU

Eine, zwei oder alle drei? Je nach Anlass klinken Sie Ihre Wunschtasche(n) in den Schulterriemen ein – als mehrteilige Handtasche, Umhängetasche oder einzeln als Clutch. Variieren Sie Ihre Tasche täglich neu durch die Kombination der verschiedenfarbigen Einzeltaschen. Bis zu fünf Taschen lassen sich in den Taschenring einklinken.

MATERIAL

- Oberstoff 1: Canvas in Natur von Swafing, 140 cm breit, 20 cm
- Oberstoff 2: Kreativpapier in Roségold von Swafing, 48 cm x 110 cm (bei Stoff mit Fadenlauf, 140 cm breit, 25 cm)
- Oberstoff 3: Canvas in Petrol, 140 breit, 30 cm
- Paspelband in Gelb, 4 mm breit, 1,85 m lang
- Paspelband in Rosa, 4 mm breit, 95 cm lang
- 3 Reißverschlüsse, je 1x in Petrol, Rosa und Natur, je 20 cm lang
- Gurtband in Gelb, 30 mm breit, 1,50 m lang
- 12 Lochverstärker für Druckknöpfe und Ösen (z. B. Wonder Dots)
- 12 Ösen, ø 14 mm
- 2 Nieten, ø 7,5 mm, 3-4 mm hoch
- 2 Taschenringe, ø 35 mm

HINWEIS Anstatt Canvas können Sie auch festes Kunstleder, Wachstuch oder Korkstoff verwenden.

ZUSCHNITT

Die kleine, mittlere und große Tasche jeweils als separates Schnittmuster herauskopieren. Alle Teile mit 1 cm Nahtzugabe zuschneiden.

✂ **Oberstoff 1**

1x Vorderteil kleine Tasche

1x Rückteil kleine Tasche

✂ **Oberstoff 2**

1x Vorderteil mittlere Tasche

1x Rückteil mittlere Tasche

✂ **Oberstoff 3**

1x Vorderteil große Tasche

1x Rückteil große Tasche

ANLEITUNG

Hinweis **Die Teile aus Kreativpapier nach dem Zuschnitt und unmittelbar vor der Verarbeitung in der Waschmaschine ohne Waschmittel im Programm „Spülen und Schleudern" waschen. Danach ist das Material geschmeidig und lässt sich leichter verarbeiten als in trockenem, starrem Zustand. Verarbeiten Sie das Kreativpapier, solange es feucht ist. Die Taschenteile nach der Wäsche durchkneten und die Tasche nach der Fertigstellung zum Trocknen flach hinlegen.**

1 Für die kleine Tasche ein 80 cm langes Stück gelbes Paspelband zurechtschneiden. Die Naht des Paspelbands an einem Ende 2 cm weit öffnen und die innenliegende Kordel 2 cm zurückschneiden. Das offene Ende 1 cm nach innen klappen.

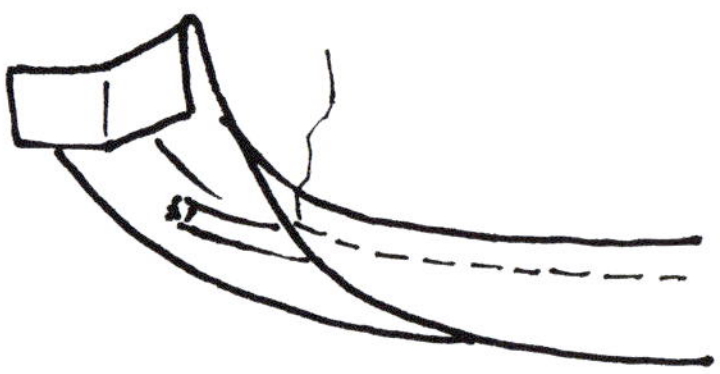

2 Die Paspel rundherum auf der rechten Stoffseite des Vorderteils aus Oberstoff 1 mit Klammern fixieren, dabei an der unteren Mitte beginnen und zum Schluss das geschlossene Paspelende unter das eingeschlagene Paspelende schieben; das geschlossene Paspelende ggf. etwas zurückschneiden. Die Paspel annähen.

3 Die Nahtzugabe des Rückteils aus Oberstoff 1 in den Ecken des Ausschnitts für den Reißverschluss schräg bis vor die Nahtlinie einschneiden und umlegen. Den Reißverschluss in Petrol gemäß Markierung unter das Rückteil legen und mit Stecknadeln fixieren. Dabei darauf achten, dass der Schieber des geschlossenen Reißverschlusses so liegt, dass er später beim Tragen der Tasche nach vorne zeigt. Den Reißverschluss von rechts am Ausschnitt rundherum annähen.

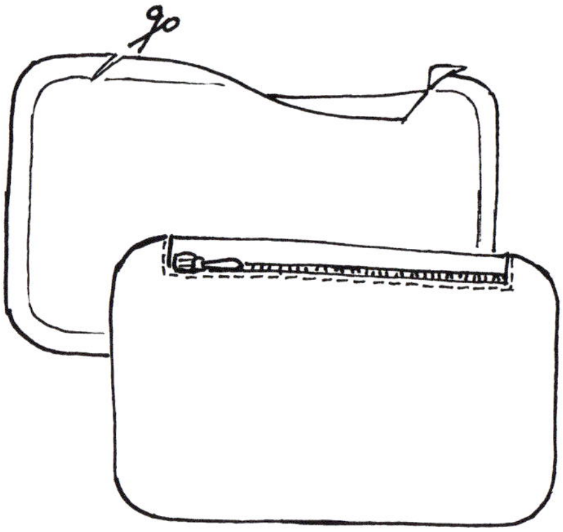

4 Je einen Lochverstärker gemäß Markierung für die Ösen auf die linke Stoffseite von Vorder- und Rückteil aus Oberstoff 1 bügeln. Die Ösen gemäß Markierung und Herstelleranleitung anbringen.

5 Vorder- und Rückteil rechts auf rechts entlang der Paspelnaht des Vorderteils zusammennähen, dabei die noch offene Kante des Reißverschlusses mitfassen. Die Nahtzugabe auf 3 mm zurückschneiden und mit Zickzackstich versäubern. Die Arbeit wenden und die Rundungen ausmodellieren.

6 Die mittlere und große Tasche wie in Schritt 1-5 beschrieben arbeiten, dabei für die mittlere Tasche die Schnittteile aus Oberstoff 2, das Paspelband in Rosa und den Reißverschluss in Natur verwenden, für die große Tasche die Schnittteile aus Oberstoff 3, ein 105 cm langes Stück gelbes Paspelband und den Reißverschluss in Rosa verwenden. Achten Sie in Schritt 3 darauf, dass die Zipper der Reißverschlüsse bei jeder Tasche in dieselbe Richtung zeigen.

7 Für den Träger die beiden Gurtbandenden zuerst 1 cm, dann noch einmal 3 cm umschlagen und knappkantig mit geradem Stich annähen. Mittig jeweils eine Niete gemäß Herstelleranleitung an der Schlaufe befestigen. Das Gurtband zwischen beiden Schlaufen längs zur Hälfte legen und knappkantig zusammensteppen.

8 Die Taschenringe jeweils in eine Schlaufe des Trägers fädeln. Zum Schluss die Ringe nacheinander durch die Ösen der drei Taschen führen.

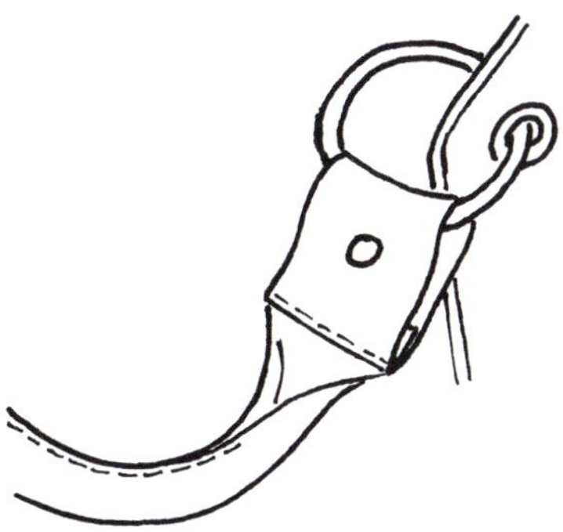

AUF UND DAVON!

Für Wochenendausflug oder Fitnessstudio

SCHWIERIGKEITSGRAD ●●●

GRÖSSE
55 cm x 30 cm x 25 cm

SCHNITTMUSTERBOGEN 2B

MATERIAL

- Oberstoff 1: Canvas in Rot-Weiß gestreift, 140 cm breit, 80 cm
- Oberstoff 2: Velours-Stoff in Violett, 140 cm breit, 50 cm
- Futterstoff: Baumwollstoff in Rosa, 140 cm breit, 105 cm
- Vlieseinlage 1: Style-Vil Polstereinlage, 90 cm breit, 30 cm
- Vlieseinlage 2: Vlieseline® H 630, 90 cm breit, 90 cm
- Endlosreißverschluss in Gelb, 60 cm lang
- 2 passende Zipper
- 2 Reißverschlüsse in Gelb, 20 cm lang
- Gurtband in Gelb, 40 mm breit, 3,80 m lang
- Klettband in Weiß, 15 mm breit, 15 cm lang
- 2 D-Ringe, 40 mm breit
- 2 D-Ringe, 25 mm breit
- Leiterschnalle, 40 mm breit
- 2 Karabiner, 40 mm breit

HINWEIS Anstatt Canvas können Sie als Oberstoff auch Kunstleder, Wachstuch oder Korkstoff verwenden.

ZUSCHNITT

Alle Teile mit 1 cm Nahtzugabe zuschneiden, ausgenommen die Schnittteile, bei denen die Maße angegeben sind. Boden 1 und 2 als Extraschnittmuster aus dem Schnittmuster für den Boden herauskopieren.

✂ **Oberstoff 1**

1x Vorderteil 1
1x Rückteil 1
2x Seitenteil
2x Reißverschlussblende
2x Vordertasche
1x Rucksackhalterung, 14 cm x 18 cm
1x Henkelpolsterung

✂ **Oberstoff 2**

1x Vorderteil 2
1x Rückteil 2
1x Boden 1
1x Boden 2
2x Vordertasche
1x Rucksackhalterung, 14 cm x 16 cm
2x D-Ring-Halterung, 7,5 cm x 10 cm
1x Henkelpolsterung

✂ **Futter**

2x Futterteil
1x Boden (Boden 1+2)
2x Seitenteil
2x Reißverschlussblende
2x Vordertasche

✂ **Vlieseinlage 1**

1x Boden 1
1x Boden 2
1x Henkelpolsterung

✂ **Vlieseinlage 2**

1x Vorderteil 1
1x Rückteil 1
1x Vorderteil 2
1x Rückteil 2
2x Seitenteil
2x Reißverschlussblende

DER CLOU

Mit dem Träger in die seitlichen D-Ringe eingehakt tragen Sie den Weekender als Umhänge- und Schultertasche. Fädeln Sie den Träger durch die Schlaufe am Boden und haken die Karabiner dort in die D-Ringe, können Sie die beladene Tasche als Rucksack tragen.

ANLEITUNG

1 Die Taschenteile aus Vlieseinlage 1 auf die linke Stoffseite von Boden 1 und Boden 2 aus Oberstoff 2 sowie die Henkelpolsterung aus Oberstoff 1 legen und rundherum innerhalb der Nahtzugabe mit geradem Stich fixieren. Die Taschenteile aus Vlieseinlage 2 gemäß Herstelleranleitung auf die linke Stoffseite der entsprechenden Taschenteile aus Oberstoff bügeln.

2 Die Vordertaschenteile aus Oberstoff 1 rechts auf rechts bündig auf die Vordertaschenteile aus Futterstoff legen. Jeweils einen kurzen Reißverschluss an der Vordertaschenoberkante ganz zwischen die Stofflagen schieben, sodass der Zipper jeweils auf dem Oberstoff liegt. Die Reißverschlüsse mit Stecknadeln fixieren und an der Oberkante festnähen. Die Nähte knappkantig von rechts absteppen. Die Stofflagen der Vordertaschenteile links auf links legen und an den Seiten und am Boden innerhalb der Nahtzugabe mit geradem Stich fixieren.

3 Die Vordertaschen mit der offenen Kante des Reißverschlusses gemäß Markierung rechts auf rechts mit Stecknadeln auf dem Vorder- und Rückteil 1 aus Oberstoff fixieren, dabei liegt das Vordertaschenteil in Richtung Oberkante des Vorder- bzw. Rückteils und der Schieber auf dem Vorder- bzw. Rückteil. Die Reißverschlusshälfte festnähen. Die Vordertasche auf das Vorder- bzw. Rückteil klappen und an den Seiten sowie am Boden mit geradem Stich innerhalb der Nahtzugabe fixieren.

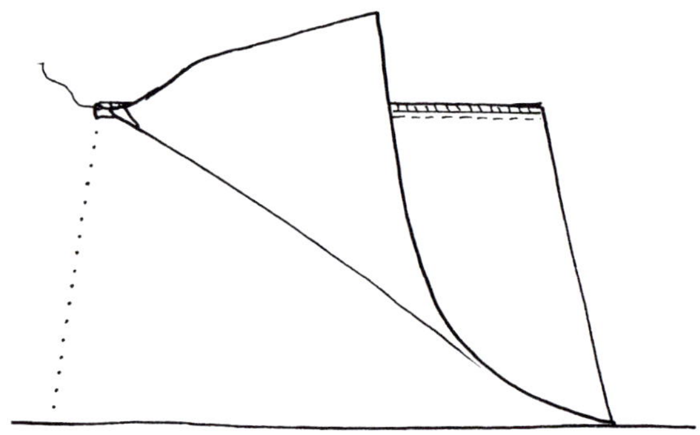

4 Zwei 1 m lange Stücke Gurtband zurechtschneiden und jeweils gemäß Markierung als Henkel auf das Vorder- und Rückteil 1 aus Oberstoff 1 steppen, dabei die Seiten der Vordertaschen mitfassen.

5 Vorder- und Rückteil 1 aus Oberstoff 1 jeweils rechts auf rechts mit Vorder- und Rückteil 2 aus Oberstoff 2 zusammennähen. Die Nahtzugaben nach unten legen und die Nähte knappkantig von rechts absteppen.

6 Die zwei Zipper gegenläufig auf den Endlosreißverschluss schieben. Je eine Reißverschlussblende aus Oberstoff 1 und Futterstoff rechts auf rechts bündig aufeinanderlegen, den Endlosreißverschluss entlang der langen Blendenkanten ganz zwischen die Lagen schieben, sodass der Zipper auf dem Oberstoff liegt, und bis vor die Nahtzugaben der schmalen Blendenkanten festnähen. Die Blenden links auf links legen und die Naht knappkantig von rechts absteppen. Das zweite Paar Reißverschlussblenden aus Ober- und Futterstoff genauso an die noch offene Kante des Reißverschlusses annähen und die Naht absteppen.

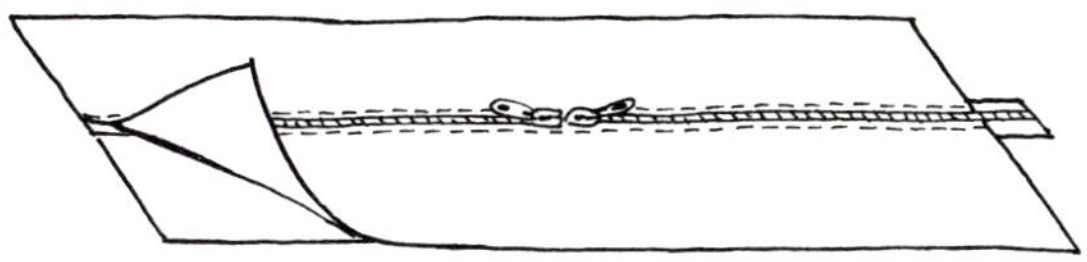

7 Zwei 6 cm lange Stücke Gurtband zurechtschneiden, jeweils durch einen 40 mm breiten D-Ring fädeln und zur Schlaufe legen. Die Schlaufen jeweils mittig gemäß Markierung an den Seitenteilen aus Oberstoff 1 innerhalb der Nahtzugabe mit geradem Stich fixieren.

8 Je ein Paar Seitenteile aus Oberstoff 1 und Futterstoff rechts auf rechts bündig aufeinanderlegen. Die Reißverschlussblende mit den schmalen Kanten gemäß Markierung an den Seitenteiloberkanten zwischen die Stofflagen schieben, sodass Seitenteile und Blende aus Oberstoff 1 und Futterstoff rechts auf rechts liegen. Die Blende bis vor die seitlichen Nahtzugaben festnähen. Die Nähte beidseitig von rechts absteppen.

9 Die Teile für die Rucksackhalterung aus Oberstoff 1 und 2 bündig rechts auf rechts legen und an den langen Kanten zusammennähen. Die Halterung wenden, die Nähte bügeln und von rechts knappkantig absteppen. Die Halterung zur Schlaufe legen, dabei liegt Oberstoff 2 außen. Die offenen Kanten der Schlaufe gemäß Markierung auf der rechten Stoffseite von Boden 1 innerhalb der Nahtzugabe mit geradem Stich fixieren. Die Halterung bügeln und anschließend gemäß Markierung mit doppelter Naht auf Boden 1 fixieren. Boden 1 und 2 rechts auf rechts zusammennähen.

10 Die beiden D-Ring-Halterungen aus Oberstoff 2 jeweils der Länge nach mittig rechts auf rechts falten, an der langen Kante zusammennähen, wenden und die Naht knappkantig von rechts absteppen. Die Halterungen durch je einen 25 mm breiten D-Ring fädeln und zur Schlaufe legen. Die Schlaufen jeweils gemäß Markierung schräg auf der rechten Stoffseite von Boden 1 innerhalb der Nahtzugabe mit geradem Stich fixieren.

11 Die Seitenteile mit Reißverschlussblende aus Futterstoff rechts auf rechts an den Boden aus Futterstoff nähen, sodass ein Ring entsteht. Die Nahtzugaben auseinanderklappen. Vorder- und Rückteil aus Futterstoff rechts auf rechts mit dem Ring aus Futterstoff zusammennähen, dabei am Boden eine 25 cm lange Wendeöffnung lassen. Den Reißverschluss zum späteren Wenden öffnen.

12 Die Seitenteile mit Reißverschlussblende aus Oberstoff rechts auf rechts bis an den Boden aus Oberstoff nähen, sodass ein Ring entsteht. Die Nahtzugaben auseinanderklappen und die Nähte von rechts beidseitig absteppen. Vorder- und Rückteil aus Oberstoff rechts auf rechts mit dem Ring aus Oberstoff zusammennähen.

13 Die Tasche wenden. Die Nahtzugaben der Wendeöffnung im Futter einschlagen und die Wendeöffnung von rechts knappkantig mit geradem Stich schließen.

14 Ein 1,65 m langes Stück Gurtband zurechtschneiden. Die Leiterschnalle auf das Gurtband schieben. Ein Gurtbandende durch einen Karabiner fädeln, von unten um den Mittelsteg der Leiterschnalle legen, 1 cm umklappen und 5 cm von der Leiterschnalle entfernt feststeppen. Das andere Gurtbandende 4 cm weit in den zweiten Karabiner fädeln und zur Schlaufe legen. Das Ende nochmals 1 cm einschlagen und mit rechteckiger Naht annähen. Die Karabiner nach Wunsch in die D-Ringe einhaken oder den Träger für die Rucksackvariante durch die Schlaufe am Rücken ziehen und die Karabiner in je einen D-Ring am Boden einhaken.

15 Das Klettband teilen und den Flauschteil gemäß Markierung rundherum auf der rechten Stoffseite der Henkelpolsterung aus Oberstoff 1 feststeppen. Die Henkelpolsterung aus Oberstoff 1 und 2 rechts auf rechts ringsherum zusammennähen, dabei an einer der langen Kante eine 12 cm lange Wendeöffnung lassen. Die Nahtzugaben an den Ecken bis vor die Naht zurückschneiden, die Arbeit wenden und das Teil ringsherum knappkantig von rechts absteppen, dabei die Wendeöffnung schließen. Das Hakenteil des Klettbands gemäß Markierung auf der rechten Stoffseite des Taschenteils aus Oberstoff 2 rundherum durch alle Stofflagen feststeppen. Die Henkelpolsterung um die beiden Henkel von Vorder- und Rückteil legen und das Klettband schließen.

KONFETTI REGEN

Hier ist Party angesagt!

SCHWIERIGKEITSGRAD

GRÖSSE
19 cm x 23 cm

SCHNITTMUSTERBOGEN 1A

DER CLOU

Mit Druckknopflaschen am Rückteil lässt sich die Tasche am Fahrradlenker befestigen. Ohne Fahrrad kann sie als Umhängetasche getragen werden.

MATERIAL

- Oberstoff 1: Kreativpapier in Roségold Metallic von Swafing, 48 cm x 110 cm (bei Stoffwahl mit Fadenlauf, 140 cm breit, 55 cm)
- Oberstoff 2: PVC-Schutzfolie für Tischdecken in Transparent, 140 cm breit, 20 cm

- Oberstoff 3: Segeltuch in Natur, 25 cm x 25 cm
- Kordel in Natur, ø 7 mm, 1,50 m lang
- Schrägband in Hellblau, 20 mm breit, 85 cm lang
- 4 Druckknöpfe, ø 15 mm
- 4 Ösen, ø 14 mm
- Steckschnalle, 35 mm breit
- Textilkleber
- 1-2 EL Konfetti zum Befüllen der Taschenklappe (alternativ Glitzer, Seidenpapier-, Kreativpapier-, Kunstlederreste)

HINWEISE **Anstatt Kreativpapier und Segeltuch können Sie auch Wachstuch oder Korkstoff verwenden. Die Kordelmaße sind in der Anleitung jeweils 20 cm länger angegeben, um das Verknoten der Enden zu erleichtern. Die überstehenden Enden nach dem Verknoten abschneiden.**

ZUSCHNITT

Die Innentasche als Extraschnittmuster aus dem Schnittmuster für das Vorder- und Rückteil herauskopieren. Alle Teile mit 1 cm Nahtzugabe zuschneiden, ausgenommen die Klappe aus Oberstoff 2 und die Schnittteile, deren Maße angegeben sind.

✂ Oberstoff 1
- 1x Rückteil
- 1x Seitenteil
- 2x Lenkerhalterung, 3 cm x 11 cm (die Länge ggf. je nach Durchmesser des Fahrradlenkers anpassen)
- 8x Unterlegscheibe

✂ Oberstoff 2
- 2x Klappe
- 1x Innentasche

✂ Oberstoff 3
- 1x Vorderteil

ANLEITUNG

Hinweis Die Teile aus Kreativpapier ausgenommen die Unterlegscheiben nach dem Zuschnitt und unmittelbar vor der Verarbeitung in der Waschmaschine ohne Waschmittel im Programm „Spülen und Schleudern" waschen. Danach ist das Material geschmeidig und lässt sich leichter verarbeiten als in trockenem, starrem Zustand. Verarbeiten Sie das Kreativpapier, solange es feucht ist. Die Taschenteile nach der Wäsche durchkneten und die Tasche nach der Fertigstellung an der Kordel zum Trocknen aufhängen.

1 Die zwei Klappenteile bündig aufeinanderlegen. Ein 56 cm langes Stück Schrägband zurechtschneiden und die Klappe an den Seiten und an der Rundung damit einfassen, die Oberkante bleibt frei. Die Klappe mit Konfetti befüllen, anschließend die Oberkante innerhalb der Nahtzugabe mit geradem Stich schließen.

2 Zwei Ösen gemäß Markierung und Herstelleranleitung an der Klappe anbringen. Zweimal zwei Unterlegscheiben links auf links mit Textilkleber zusammenkleben. Trocknen lassen. In die Scheiben ein Loch gemäß Markierung schneiden oder stanzen. Ein 30 cm langes Stück Kordel zurechtschneiden. Die Kordelenden von der Oberseite der Klappe durch die Ösen schieben und danach je eine Unterlegscheibe auf die Kordelenden fädeln (fertige Länge des Henkels ca. 17 cm). Die Unterlegscheiben bis dicht an die Ösen schieben, die Kordelenden verknoten und die überstehenden Enden abschneiden.

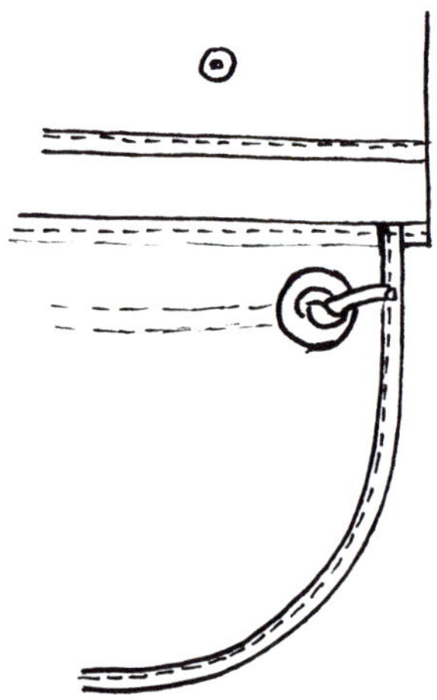

3 Den oberen Teil der Steckschnalle gemäß Markierung und Herstelleranleitung an der Klappe anbringen.

4 Die Nahtzugaben des Vorderteils aus Oberstoff 3 ringsherum mit Zickzackstich versäubern. Die Nahtzugabe an der Oberkante auf links klappen und knappkantig von rechts festnähen. Den unteren Teil der Steckschnalle gemäß Markierung und Herstelleranleitung am Vorderteil anbringen.

5 Die Oberseiten der vier Druckknöpfe mittig 1,5 cm und 5,5 cm vom unteren Rand entfernt an den Lenkerhalterungen, die Unterseiten gemäß Markierung und Herstelleranleitung am Rückteil aus Oberstoff 1 anbringen. Die Lenkerhalterungen gemäß Markierung links auf rechts mit rechteckiger Naht und Kreuz auf das Rückteil nähen. Die Druckknöpfe schließen.

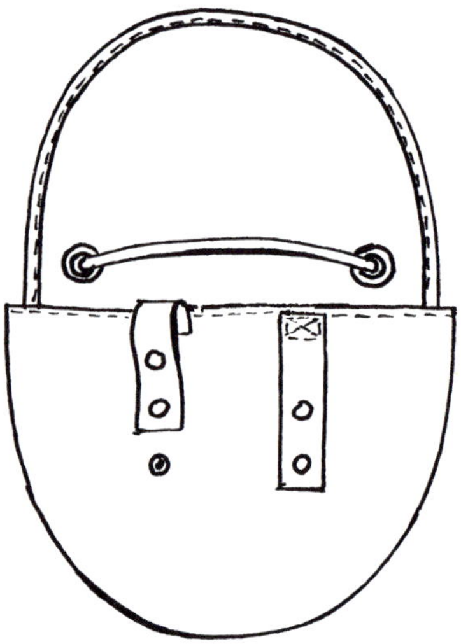

6 Ein 25 cm langes Stück Schrägband zurechtschneiden und die Oberkante der Innentasche damit einfassen. Die Innentasche gemäß Markierung links auf links auf das Rückteil legen und an den Seiten und am Boden innerhalb der Nahtzugabe festnähen.

7 Die Klappe rechts auf rechts an die Oberkante des Rückteils nähen. Die Nahtzugabe knappkantig von rechts auf dem Rückteil feststeppen.

8 Die Nahtzugaben an den schmalen Kanten des Seitenteils auf links legen und knappkantig von rechts annähen. Zwei Ösen gemäß Markierung und Herstelleranleitung am Seitenteil anbringen.

9 Vorder- und Rückteil nacheinander rechts auf rechts mit dem Seitenteil zusammennähen, dabei am Rückteil die Innentasche mitfassen.

10 Zweimal zwei Unterlegscheiben links auf links zusammenkleben. Trocknen lassen. In die Scheiben ein Loch gemäß Markierung schneiden oder stanzen. Für die Träger die Enden des restlichen Stücks Kordel von rechts in die Ösen des Seitenteils schieben und danach je eine Unterlegscheibe auf die Kordelenden fädeln (fertige Länge des Trägers ca. 1,20 m). Die Unterlegscheiben bis dicht an die Ösen schieben, die Kordelenden verknoten und die überstehenden Enden abschneiden.

BEACH BABE

Spontanes Picknick? Kein Problem!

SCHWIERIGKEITSGRAD ●●●

GRÖSSE
43 cm x 40 cm
43 cm x 86 cm (offen)

SCHNITTMUSTERBOGEN 1B

DER CLOU

Das Must-have für den Strandurlaub: Mit geschlossenen Reißverschlüssen bietet die Strandtasche viel Stauraum. Durch Öffnen der seitlichen Reißverschlüsse lässt sich die Tasche als kleine Liege- oder Picknickdecke nutzen. Die Innentasche hält wichtige Dinge griffbereit, kann aber auch umgeklappt werden und vergrößert dann die Picknickdecke.

MATERIAL

- Oberstoff 1: festes Kunstleder in Rot, 140 cm breit, 50 cm
- Oberstoff 2: festes Kunstleder in Crème, 140 cm breit, 50 cm
- Oberstoff 3: festes Kunstleder in Hellblau, 140 cm breit, 50 cm
- Futter: Baumwollstoff in Crème gemustert, 140 cm breit, 50 cm
- Vlieseinlage: Vlieseline® H 640, 90 cm breit, 100 cm
- Endlosreißverschluss in Rot, 1,60 m lang
- 3 passende Zipper
- Gurtband in Crème, 40 mm breit, 3 m lang

ZUSCHNITT

Alle Teile mit 1 cm Nahtzugabe zuschneiden, ausgenommen die Schnittteile, bei denen die Maße angegeben sind. Vorderteil/Rückteil 1, 2 und 3 als Extraschnittmuster aus dem Schnittmuster für Vorder- und Rückteil herauskopieren.

✂ **Oberstoff 1**
1x Vorderteil 1
1x Rückteil 1

✂ **Oberstoff 2**
1x Vorderteil 2
1x Rückteil 2
2x Seitenteil

✂ **Oberstoff 3**
1x Vorderteil 3
1x Rückteil 3
2x Beleg

✂ **Futter**
2x Futterteil
2x Seitenteil
1x Innentasche

✂ **Vlieseinlage**
2x Futterteil
2x Seitenteil

HINWEIS Anstatt festem Kunstleder können Sie auch Canvas, Wachstuch oder Korkstoff verwenden.

Hinweis Für das Nähen von Kunstleder empfiehlt sich die Verwendung eines Teflonnähfußes. Alternativ können Sie die Unterseite eines herkömmlichen Nähmaschinenfußes mit Washitape bekleben oder Sie legen vor dem Nähvorgang Seidenpapier auf die Naht.

1 Die Vorderteile 1,2 und 3 an den langen Kanten rechts auf rechts zusammennähen. Die Rückteile 1, 2 und 3 genauso arbeiten. Die Nahtzugaben jeweils auseinanderbügeln und die Nähte beidseitig von rechts absteppen, dabei die Nahtzugaben mitfassen.

2 Vorder- und Rückteil aus Oberstoff an der Unterkante rechts auf rechts zusammennähen. Die Nahtzugabe auseinanderbügeln und die Bodennaht beidseitig absteppen, dabei die Nahtzugaben mitfassen.

3 Das Gurtband zur Hälfte legen, dabei darauf achten, dass es nicht verdreht ist. Die Bruchkante mit einer Stecknadel markieren. Die Gurtbandenden mit 2 cm Nahtzugabe zusammennähen. Die Nahtzugaben auseinanderklappen und jeweils mit geradem Stich knappkantig auf dem Gurtbandring fixieren. Das Taschenteil aus Oberstoff mit der rechten Stoffseite nach oben auf die Arbeitsfläche legen. Den Gurtbandring gemäß Markierung auf der rechten Stoffseite mit Stecknadeln fixieren, dabei liegen die Gurtbandnaht und die markierte Bruchkante jeweils auf der Bodennaht. Den Gurtbandring ringsherum bis jeweils 2 cm vor die Oberkantennahtzugabe knappkantig feststeppen.

4 Die Teile aus Vlieseinlage gemäß Herstelleranleitung auf die linke Stoffseite von Vorder- und Rückteil sowie der Seitenteile aus Futterstoff bügeln.

5 Zwei 65 cm lange Stücke Endlosreißverschluss zurechtschneiden. Auf jedes Stück einen Zipper auffädeln. Die Reißverschlüsse rechts auf rechts gemäß Markierung vom Ende der seitlichen Nahtzugabe bis 5 mm vor die Nahtzugabe der Oberkante an die Seitenteile aus Oberstoff nähen, dabei zeigen die Schieber der geschlossenen Reißverschlüsse in Richtung Seitenteiloberkante. Die Seitenteile aus Futterstoff rechts auf rechts auf die Seitenteile aus Oberstoff legen und auf der zuvor genähten Reißverschlussnaht zusammennähen. Die Seitenteile links auf links legen, die oberen Reißverschlussenden rechtwinklig ins Innere der beiden Stofflagen ziehen und mit Stecknadeln am Futterstoff fixieren. Die Reißverschlüsse ganz öffnen, dabei darauf achten, dass die Zipper nicht von der Raupe rutschen. Die Reißverschlussnaht knappkantig von rechts absteppen und die umgelegten Reißverschlussenden dabei mitfassen. Die überstehenden Reißverschlussenden auf 1 cm zurückschneiden.

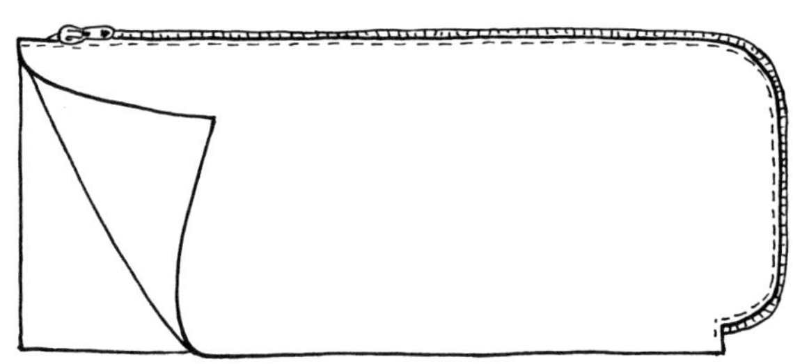

6 Vorder- und Rückteil aus Oberstoff rechts auf rechts vom Ende der seitlichen Nahtzugabe (siehe Schritt 5) an die noch offenen Kanten der entsprechenden Seitenteile sowie der anderen Reißverschlusshälften nähen, dabei wird das Rückteil an die Seitenteile und gemäß Markierung an den Reißverschluss genäht. Das Vorderteil bis 5 mm vor die Oberkante an die noch offenen Reißverschlusskanten nähen. Die oberen Reißverschlussenden rechtwinklig ins Innere der beiden Stofflagen ziehen, mit Stecknadeln am Seitenteil aus Futterstoff fixieren und die Naht von rechts knappkantig absteppen. Die fixierten Reißverschlussenden dabei mitfassen. Die überstehenden Reißverschlussenden auf 1 cm zurückschneiden.

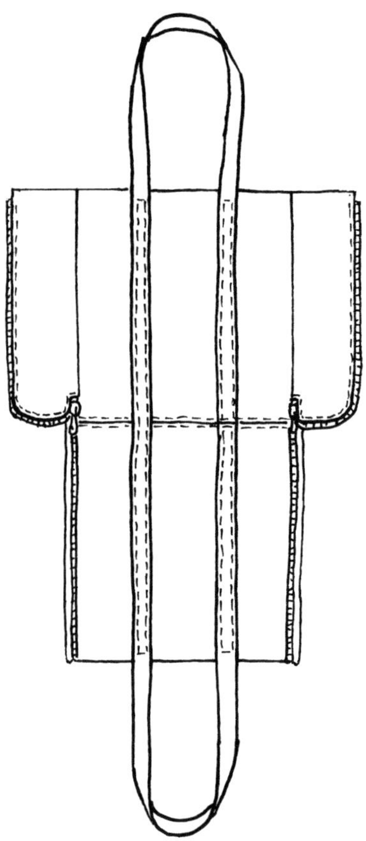

7 Ein 30 cm langes Stück Endlosreißverschluss zurechtschneiden und einen Zipper auf den Reißverschluss fädeln. Den Reißverschluss rechts auf rechts an eine schmale Kante der Innentasche nähen und die Naht knappkantig von rechts absteppen. Anschließend die andere Seite des Reißverschlusses rechts auf rechts an die andere schmale Kante nähen. Den Reißverschluss öffnen und die Naht von rechts knappkantig absteppen. Die Innentasche gemäß Markierung rechts auf rechts falten, die Seitennähte mit geradem Stich schließen und die Nahtzugabe bis knapp vor die Naht zurückschneiden. Die Innentasche wenden und die Bruchkanten bügeln.

8 Die Innentasche mit dem Reißverschluss nach oben mittig an der Oberkante des später rückseitigen Futterteils anlegen, einen Beleg rechts auf rechts darüberlegen und alle Lagen mit geradem Stich zusammennähen. Den zweiten Beleg rechts auf rechts an die Oberkante des anderen Futterteils nähen. Die Nähte beider Belege knappkantig von rechts absteppen, dazu vorher die Innentasche umklappen, um darunter nähen zu können.

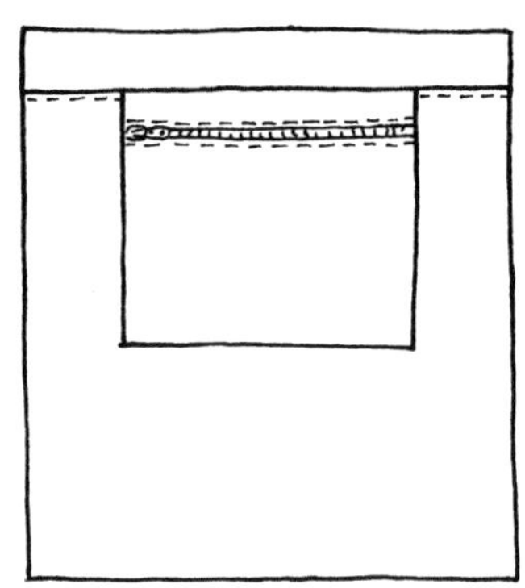

9 Die Futterteile an den Unterkanten rechts auf rechts zusammennähen. Die Nahtzugaben auseinanderklappen und die Naht beidseitig absteppen. Das zusammengesetzte Futterteil rechts auf rechts an die Seitenteile aus Futterstoff und die Reißverschlüsse bis vor die obere Nahtzugabe nähen (siehe Skizze Schritt 6). Die Nähte knappkantig von rechts absteppen.

10 Die Taschenteile aus Ober- und Futterstoff rechts auf rechts an den Oberkanten zusammennähen; Vorderteil und Rückteil mit Seitenteilen werden dabei einzeln zusammengenäht. An der Rückteiloberkante eine 25 cm lange Wendeöffnung lassen. Die Nahtzugaben und Reißverschlussenden an den Ecken bis vor die Naht zurückschneiden. Die Arbeit wenden. Die Nähte knappkantig absteppen, dabei die Wendeöffnung schließen.

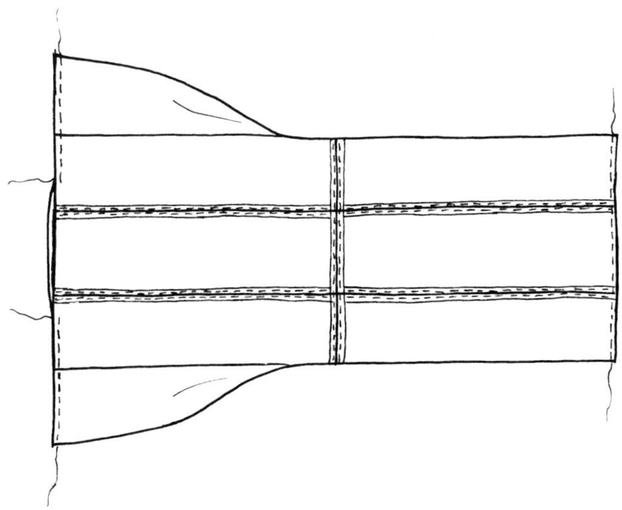

RAINBOW COLORS

Farbenfrohes Stauraumwunder

SCHWIERIGKEITSGRAD ●●○

GRÖSSE
35 cm x 32 cm
35 cm x 42 cm (offen)

SCHNITTMUSTERBOGEN 1B

DER CLOU

Praktische Tote oder elegante Handtasche für die Armbeuge – durch Schließen oder Öffnen des Reißverschlusses verwandelt sich die Tasche im Handumdrehen.

MATERIAL

- Oberstoff 1: Möbelstoff in Hellblau, 140 cm breit, 30 cm
- Oberstoff 2: Canvas in Gelb, 140 cm breit, 20 cm
- Oberstoff 3: Canvas in Koralle, 140 cm breit, 15 cm
- Futterstoff: Baumwollstoff in Hellblau, 140 cm breit, 40 cm
- Vlieseinlage: Vlieseline® H 250, 90 cm breit, 10 cm
- teilbarer Reißverschluss in Rot, 70 cm lang
- Reißverschluss in Weiß, 20 cm lang
- 2 Lederriemen in Braun, 60 cm lang
- Magnetknopf
- 8 Buchschrauben, ø 10 mm (Kopf) bzw. 5 mm (Schaft), Höhe 5 mm
- 8 Lochverstärker für Druckknöpfe (z. B. Wonder Dots)
- Lochzange

HINWEIS **Anstatt Canvas und Möbelstoff können Sie auch festes Kunstleder, Wachstuch oder Korkstoff verwenden.**

ZUSCHNITT

Alle Teile mit 1 cm Nahtzugabe zuschneiden, ausgenommen die Schnittteile, bei denen die Maße angegeben sind.

✂ **Oberstoff 1**
1x Vorderteil 1
1x Rückteil 1

✂ **Oberstoff 2**
1x Mittelteil (im Stoffbruch zuschneiden)

✂ **Oberstoff 3**
1x Vorderteil 2
1x Rückteil 2

✂ **Futter**
2x Futterteil
1x Innentasche

✂ **Vlieseinlage**
2x Beleg, 9 cm x 37 cm

ANLEITUNG

1 Die Innentasche für den Reißverschluss gemäß Markierung einschneiden, die Kanten an der Öffnug auf links klappen und bügeln. Den Reißverschluss von unten gemäß Markierungen in die Öffnung legen, von rechts mit Steckadeln fixieren und rundherum annähen. Die Nahtzugaben der Innentasche auf links bügeln und die Innentasche gemäß Markierung knappkantig auf die rechte Stoffseite des Futterteils der späteren Taschenrückseite steppen.

2 Die Futterteile an den Seiten und am Boden rechts auf rechts zusammennähen, dabei an einer Seite eine 20 cm lange Wendeöffnung lassen. Die Ecken am Boden auseinanderziehen, sodass Boden- und Seitennaht aufeinanderliegen und ein Dreieck entsteht. Die Ecken jeweils 4,5 cm von der Spitze entfernt im rechten Winkel zur Boden- und Seitennaht absteppen. Die abgenähten Ecken auf 1 cm zurückschneiden.

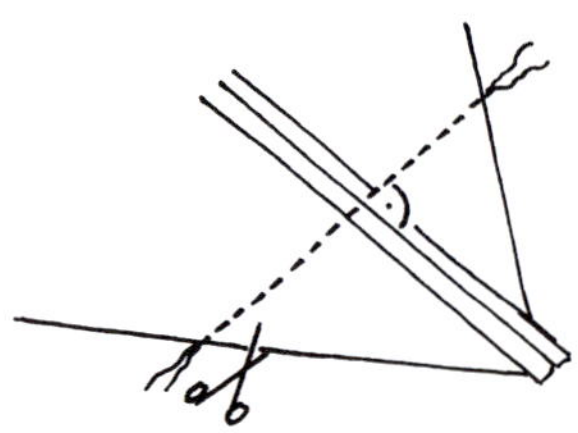

3 Die Belege aus Vlieseinlage und die acht Lochverstärker zur Verstärkung der Buchschrauben gemäß Markierung auf die linke Stoffseite von Vorder- und Rückteil 1 aus Oberstoff 1 bügeln. Die beiden Teile des Magnetknopfs gemäß Markierung und Herstelleranleitung auf der rechten Stoffseite von Vorder- und Rückteil 1 anbringen.

4 Vorder- und Rückteil 1 an einer Seitenkante rechts auf rechts zusammennähen. Mit Vorder- und Rückteil 2 ebenso verfahren.

5 Den langen Reißverschluss teilen und je ein Teil links auf rechts auf die Ober- und Unterkante des Mittelteils aus Oberstoff 2 nähen, dabei darauf achten, dass Anfang und Ende des RV jeweils auf derselben Seite sind und die Zähnchen jeweils in die Mitte des Schnittteils schauen. Das Taschenteil aus Oberstoff 1 rechts auf rechts an die Oberkante des Mittelteils, das Taschenteil aus Oberstoff 3 an die Unterkante des Mittelteils nähen. Die Nahtzugaben von Vorder- und Rückteil 1 nach oben, die von Vorder- und Rückteil 2 nach unten bügeln und knappkantig von rechts feststeppen.

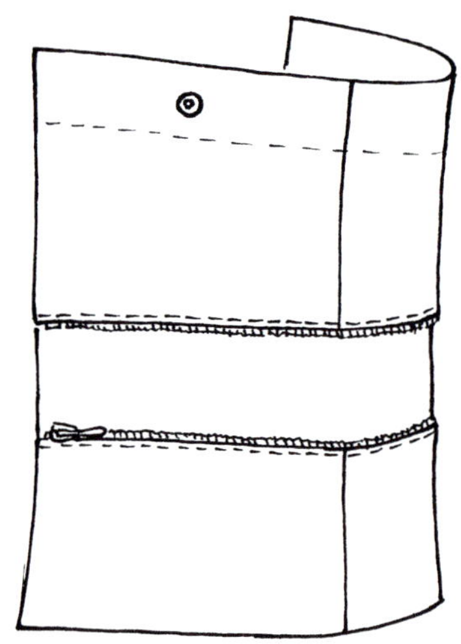

6 Die Tasche aus Oberstoff rechts auf rechts legen und die offene Seitennaht sowie die Bodennaht schließen. Die Ecken am Boden auseinanderziehen, sodass Boden- und Seitennaht aufeinanderliegen und ein Dreieck entsteht. Die Ecken jeweils 4,5 cm von der Spitze entfernt im rechten Winkel zur Boden- und Seitennaht absteppen. Die abgenähten Ecken auf 1 cm zurückschneiden (siehe Schritt 2).

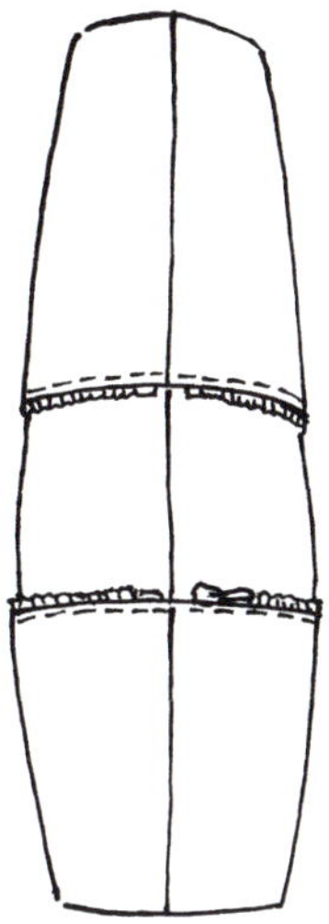

7 Die Tasche aus Oberstoff rechts auf rechts in die Tasche aus Futterstoff schieben. Die beiden Taschenteile an der Oberkante zusammennähen. Die Arbeit wenden, die Nahtzugaben der Wendeöffnung im Futter einschlagen und die Wendeöffnung von rechts knappkantig mit geradem Stich schließen. Den Außenstoff an der Oberkante gemäß Markierung 8 cm weit ins Innere der Tasche schieben, dabei darauf achten, dass die beiden Teile des Magnetknopfs aufeinandertreffen. Die Umbruchkante bügeln.

8 Gemäß Markierung acht Löcher für die Buchschrauben durch beide Lagen Oberstoff stanzen.

9 Mit einer Lochzange jeweils 1,5 cm von den Enden entfernt im Abstand von 3 cm zwei Löcher in die Lederriemen stanzen. Die oberen Teile der Buchschrauben in die Löcher der beiden Lederriemen, die unteren in die entsprechenden Löcher von Vorder- und Rückteil aus Oberstoff 1 stecken und die Buchschrauben gemäß Herstelleranleitung festschrauben.

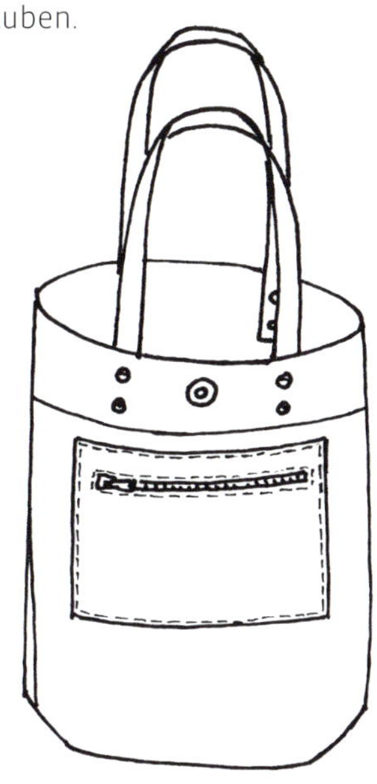

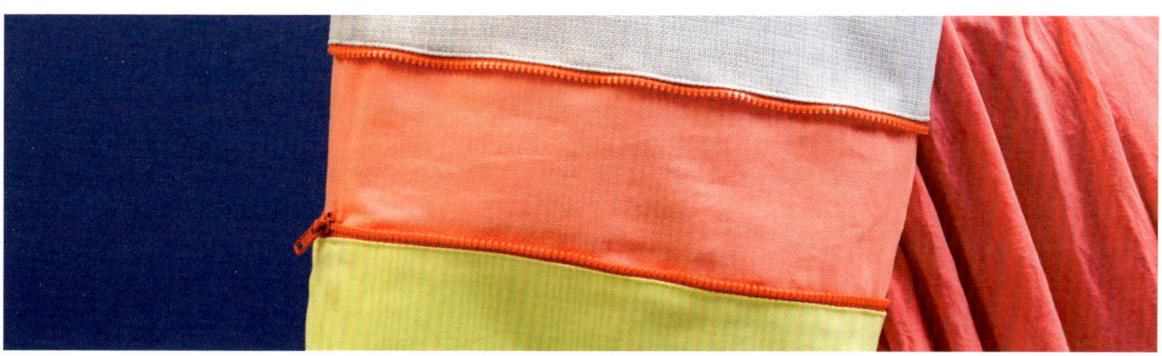

SHOPPING FIEBER

Für alles gerüstet!

SCHWIERIGKEITSGRAD ●●●

GRÖSSE
40 cm x 30 cm (Handtasche)
29 cm x 18 cm (Clutch)

SCHNITTMUSTERBOGEN 1B+2B

DER CLOU

Shopper, Clutch oder Crossbody Bag – dieses Modell ist supervielseitig. Wird der Shopper am Arm oder Schulterriemen getragen, hält die Clutch im Inneren wichtige Dinge stets griffbereit. Ohne ihre große Schwester tragen Sie die Clutch in der Hand oder als Crossbody.

MATERIAL

- Oberstoff 1: Segeltuch in Natur, 140 cm breit, 65 cm
- Oberstoff 2: Korkstoff in Natur, 140 cm breit, 40 cm
- Futterstoff: Baumwollstoff in Natur-Pink gepunktet, 140 cm breit, 25 cm
- Reißverschluss in Beige, 25 cm lang
- Gurtband in Natur, 40 mm breit, 1,35 m lang
- Ripsband in Neonorange, 38 mm breit, 1,60 m lang
- Schrägband in Natur-Pink gepunktet, 20 mm breit, 2,70 m lang (alternativ Schrägband aus dem Futterstoff zuschneiden)
- Kordel in Natur, ø 8 mm, 3 m lang
- 4 D-Ringe, 15 mm breit
- Leiterschnalle, 40 mm breit
- 2 Karabiner, 15 mm breit
- 2 Karabiner, 40 mm breit
- 4 Ösen, ø 14 mm
- 4 Taschenfüße, ø 15 mm
- Buchschraube, ø 10 mm (Kopf) bzw. 5 mm (Schaft), 2 mm hoch

HINWEIS **Anstatt Segeltuch und Korkstoff können Sie auch festes Kunstleder oder Wachstuch verwenden.**

ZUSCHNITT

Alle Teile mit 1 cm Nahtzugabe zuschneiden, ausgenommen die Schnittteile aus Oberstoff 2 sowie die, bei denen die Maße angegeben sind; dort ist die Nahtzugabe bereits im Schnittmuster enthalten und entsprechend markiert bzw. entfällt.

✂ **Oberstoff 1**

1x Vorderteil 1 (Shopper)
1x Rückteil 1 (Shopper)
2x Seitenteil (Shopper)
1x Vorderteil 2 (Clutch)
1x Rückteil 2 (Clutch)

✂ **Oberstoff 2**

1x Boden außen (Shopper)
1x Boden innen (Shopper)
1x Vorderteil 3 (Clutch)
1x Rückteil 3 (Clutch)
4x Verstärkung für die Ösen, 3,5 cm x 3,5 cm
2x Einfassung für die Henkel

✂ **Futter**

2x Futterteil (Clutch)

ANLEITUNG

Shopper

1 Vorder- und Rückteil 1 aus Oberstoff 1 rechts auf rechts legen und am Boden zusammennähen. Den äußeren Taschenboden aus Oberstoff 2 gemäß Markierung links auf rechts auf das Taschenteil aus Oberstoff 1 legen und knappkantig rundherum von rechts annähen. Die vier Taschenfüße gemäß Markierung und Herstelleranleitung durch beide Lagen Oberstoff am Boden anbringen.

2 Das Taschenteil auf links legen und den inneren Taschenboden aus Oberstoff 2 gemäß Markierung links auf links auf die Arbeit aus Oberstoff 1 legen und knappkantig rundherum von rechts annähen.

3 Zwei 37 cm lange Stücke Ripsband zurechtschneiden. Die Streifen jeweils dicht an der Ansatzkante des Bodens auf die rechte Stoffseite von Vorder- und Rückteil 1 anlegen, mit Stecknadeln fixieren und rundherum knappkantig aufsteppen.

4 Zwei 8 cm lange Stücke Ripsband zurechtschneiden. Die Streifen der Länge nach mittig falten und rundherum knappkantig zusammennähen. Die Stücke jeweils 3,5 cm weit in einen D-Ring fädeln und zur Schlaufe legen. Das 1 cm überstehende Ende umklappen und die Schlaufen gemäß Markierung von rechts auf die Seitenteile aus Oberstoff 1 mit quadratischer Naht und Kreuz annähen.

5 Die Seitenteile nacheinander rechts auf rechts an Vorder- und Rückteil 1 nähen. Die Nahtzugaben auf 5 mm zurückschneiden. Zwei 85 cm lange Stücke Schrägband zurechtschneiden und die Nahtzugaben damit einfassen. Die eingefassten Nahtzugaben auf Vorder- und Rückteil legen und mit Nadeln fixieren. Die Tasche wenden und die Nähte knappkantig von rechts absteppen.

6 Ein 1 m langes Stück Schrägband zurechtschneiden. Die Taschenoberkante mit dem Schrägband einfassen, dazu zunächst das Schrägband rundherum mit Nadeln fixieren, das Schrägbandende 1 cm nach innen klappen und über den Anfang des Schrägbands legen. Das Schrägband von rechts knappkantig annähen. Die Taschenoberkante gemäß Markierung (Beleg) 6 cm nach innen klappen. Die Umbruchkante bügeln und mit einem Abstand von 5 mm von rechts absteppen.

7 Für die Abnäher die Seitenteile gemäß Markierung falten und bis kurz vor die Einfassung der Oberkante abnähen. Für die Clutchhalterung im Inneren zwei 6 cm lange Stücke Ripsband zurechtschneiden. Die Streifen der Länge nach mittig falten und rundherum knappkantig zusammennähen. Die Stücke jeweils auf einen 15 mm breiten Karabiner fädeln und zur Schlaufe legen. Jeweils beide Enden der Schlaufen 5 mm auf eine Seite umklappen und die Schlaufen 3,5 cm von der Oberkante entfernt auf der rechten Stoffseite des Belegs und an dem Abnäher mit Nadeln fixieren und festnähen.

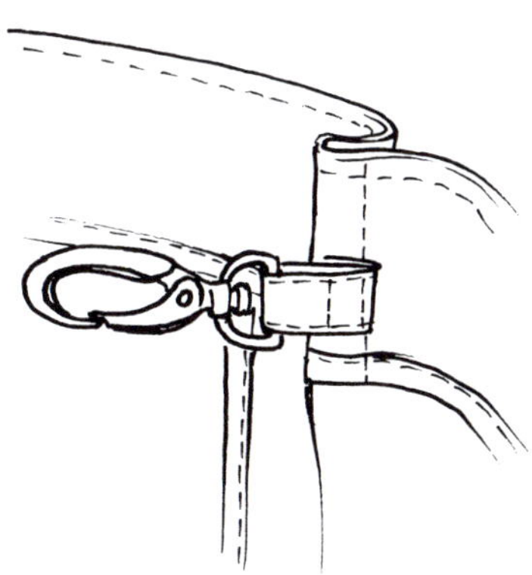

8 Die Verstärkungen für die Ösen aus Oberstoff 2 jeweils gemäß Markierung auf der rechten Stoffseite von Vorder- und Rückteil 1 mit Stecknadeln fixieren und rundherum annähen, dabei den Beleg mitfassen. In die Mitte der Verstärkungen jeweils eine der Ösen gemäß Herstelleranleitung durch beide Stofflagen anbringen.

9 Vier 75 cm lange Stücke Kordel zurechtschneiden. Je zwei Kordelstücke nebeneinanderlegen. Jeweils eine lange Seite der Einfassungen für die Henkel aus Oberstoff 2 1 cm umklappen. Die Einfassungen jeweils um ein Kordelstückpaar legen, sodass die umgeklappte Kante die andere Kante überlappt, und die Einfassungen zwischen den beiden Kordeln mit einer Längsnaht von rechts zusammennähen. Je ein Kordelpaar in die Ösen von Vorder- und Rückteil fädeln, die Enden innen hinter den Ösen fest verknoten und überstehende Kordel abschneiden.

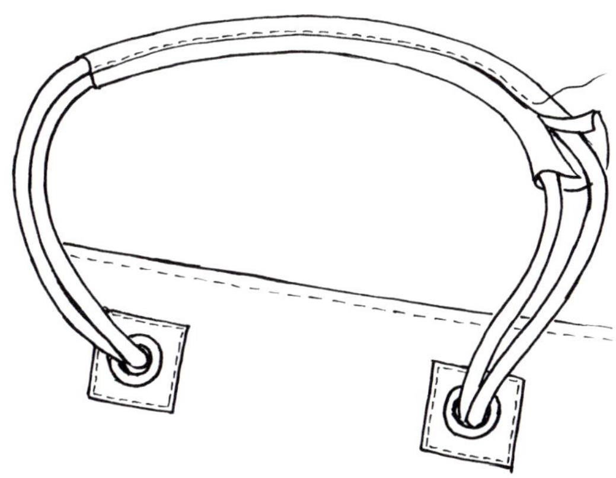

10 Für den Schulterträger ein Ende des Gurtbands 5 cm weit auf einen 40 mm breiten Karabiner fädeln und zur Schlaufe legen. Das Gurtbandende 2 cm weit einklappen und mit geradem Stich annähen. Die Buchschraube gemäß Herstelleranleitung mittig durch beide Lagen Gurtband an der Schlaufe anbringen. Das andere Gurtbandende durch die Leiterschnalle ziehen, durch den zweiten 40 mm breiten Karabiner fädeln, von unten um den Mittelstreg der Leiterschnalle legen, 1 cm weit umklappen und mit rechteckiger Naht 5 cm von der Leiterschnalle entfernt annähen. Die Karabiner in die D-Ringe der Handtasche einhaken.

Clutch

1 Vorder- und Rückteil 3 aus Oberstoff 2 links auf rechts gemäß Markierung bündig auf die seitliche Nahtzugabe von Vorder- und Rückteil 2 aus Oberstoff 1 legen und an der Teilungsnaht von rechts knappkantig aufsteppen. Zwei 20 cm lange Stücke Ripsband zurechtschneiden und gemäß Markierung an der Kante von Vorder- und Rückteil 3 auf Vorder- und Rückteil 2 nähen.

2 Zwei 3 cm lange Stücke Ripsband, quer auf die Enden des Reißverschlusses legen und jeweils knappkantig von rechts feststeppen.

3 Zwei 4 cm lange Stücke Ripsband zurechtschneiden, der Länge nach mittig falten und die Kanten beidseitig knappkantig absteppen. Die Ripsbandstücke jeweils in einen D-Ring fädeln, zur Schlaufe legen und gemäß Markierung seitlich am Vorderteil aus Oberstoff innerhalb der Nahtzugabe mit geradem Stich fixieren.

4 Das Vorderteil aus Oberstoff und ein Futterteil bündig rechts auf rechts aufeinanderlegen. Den Reißverschluss an den Oberkanten ganz zwischen die Stofflagen schieben und an einer Seite bis vor die Nahtzugabe festnähen. Die Teile links auf links legen und die Naht von rechts knappkantig absteppen. Das Rückteil und zweite Futterteil bündig aufeinanderlegen. Die noch offene Kante des Reißverschlusses mitsamt dem Vorderteil zwischen die Lagen schieben und an den Oberkanten festnähen. Die Naht von rechts knappkantig absteppen.

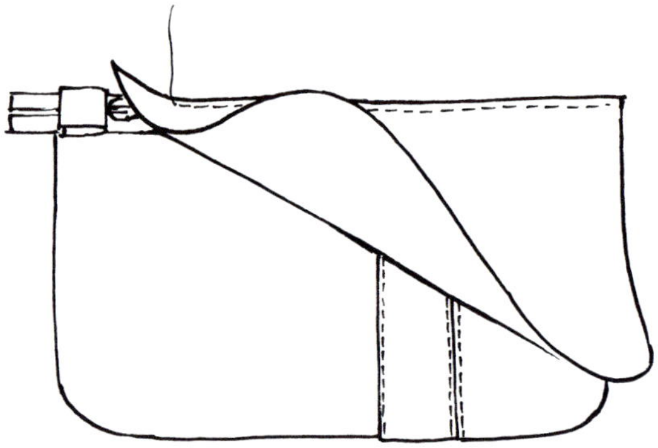

5 Die beiden Futterteile rechts auf rechts zusammennähen, dabei am Boden eine 20 cm lange Wendeöffnung lassen. Den Reißverschluss 15 cm weit öffnen. Vorder- und Rückteil aus Oberstoff rechts auf rechts zusammennähen. Die Tasche wenden und die Rundungen ausmodellieren. Die Nahtzugaben an der Wendeöffnung im Futter einschlagen und die Wendeöffnung von rechts knappkantig mit geradem Stich schließen.

STREIFEN LIEBE

Trendige Tote Bag oder Rucksack

SCHWIERIGKEITSGRAD ●●●

GRÖSSE
37 cm x 43 cm

SCHNITTMUSTERBOGEN 2A

DER CLOU

Durch einfaches Verstellen der Lederriemen verwandelt sich dieses Modell in eine Tote mit zwei Henkeln oder einen Rucksack. Für die Rucksackvariante den hinteren Lederriemen in das untere Loch stecken, für die Taschenvariante in das obere Loch. Damit der vordere Henkel beim Einsatz als Rucksack nicht lose herunterhängt, wird er mit Hilfe von Kugelkopfnieten verkürzt.

MATERIAL

- Oberstoff 1: Canvas in Schwarz-Weiß gestreift, 140 cm breit, 1 m
- Oberstoff 2: Kunstleder in Hellblau, 140 cm breit, 25 cm
- Futterstoff: Baumwolle in Limette, 140 cm breit, 45 cm
- Vlieseinlage 1: Vlieseline® H 250, 90 cm breit, 65 cm
- Vlieseinlage 2: Style-Vil Polstereinlage, 90 cm breit, 40 cm
- 2 Reißverschlüsse in Schwarz, 20 cm lang und 30 cm lang
- 3 D-Ringe, 25 mm breit
- Lederriemen in Hellbraun, 25 mm breit, 2,70 m lang
- 4 Kugelkopfnieten, ø 4 mm (Kopf), 3-4 mm hoch
- 2 Nieten, ø 7,5 mm, 3-4 mm hoch
- Wondertape

ZUSCHNITT

Das Vorderteil als Extraschnittmuster (halbes Vorder-/Rückteil) aus dem Schnittmuster des Vorder-/Rückteils herauskopieren, die Innentasche als Extraschnittmuster aus dem Schnittmuster des Futterteils herauskopieren. Alle Teile mit 1 cm Nahtzugabe zuschneiden, ausgenommen die Schnittteile, bei denen die Maße angegeben sind. Beim Zuschneiden des Vorderteils auf den Musterverlauf achten.

✂ **Oberstoff 1**

2x Vorderteil (im schrägen Fadenlauf zuschneiden)

1x Rückteil

2x Beleg

HINWEIS **Anstatt Canvas können Sie auch Kunstleder, Wachstuch oder Korkstoff verwenden.**

✂ **Oberstoff 2**

1x Boden (im Stoffbruch zuschneiden)

1x Innentasche

2x Reißverschlusseinfassung, 2,5 cm x 8 cm

3x Halterung für D-Ringe, 5 cm x 7 cm

✂ **Futter**

2x Futterteil

1x Vordertasche (im Stoffbruch zuschneiden)

✂ **Vlieseinlage 1**

2x Vorderteil

1x Boden (im Stoffbruch zuschneiden)

✂ **Vlieseinlage 2**

1x Rückteil

Handlettering & DIY

112 S., 22,2 x 23,5 cm, HC
ISBN 978-3-7724-**8318**-9
€ (D) 16,99

144 S., 22,2 x 23,5 cm, HC
ISBN 978-3-7724-**8343**-1
€ (D) 17,99

176 S., 22,2 x 23,5 cm, HC
ISBN 978-3-7724-**8353**-0
€ (D) 19,99

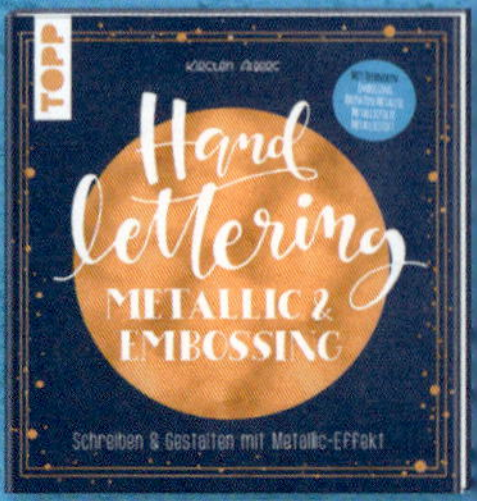

112 S., 22,2 x 23,5 cm, HC
ISBN 978-3-7724-**8351**-6
€ (D) 16,99

176 S., 22,2 x 23,5 cm, HC
ISBN 978-3-7724-**8333**-2
€ (D) 19,99

96 S., 21,9 x 23 cm, SC
ISBN 978-3-7724-**6217**-7
€ (D) 15,99

256 S., 19,5 x 25 cm, HC
ISBN 978-3-7724-**7751**-5
€ (D) 14,99

160 S., 19,5 x 25 cm, HC
ISBN 978-3-7724-**7890**-1
€ (D) 14,99

144 S., 22,2 x 23,5 cm, HC
ISBN 978-3-7724-**7805**-5
€ (D) 17,99

224 S., 14,8 x 21 cm, SC
ISBN 978-3-7724-**8354**-7
€ (D) 12,99

80 S., 19,5 x 25 cm, HC
ISBN 978-3-7724-**7545**-0
€ (D) 14,99

240 S., 22,5 x 28,5 cm, HC
ISBN 978-3-7724-**7957**-1
€ (D) 19,99

Malen & Zeichnen

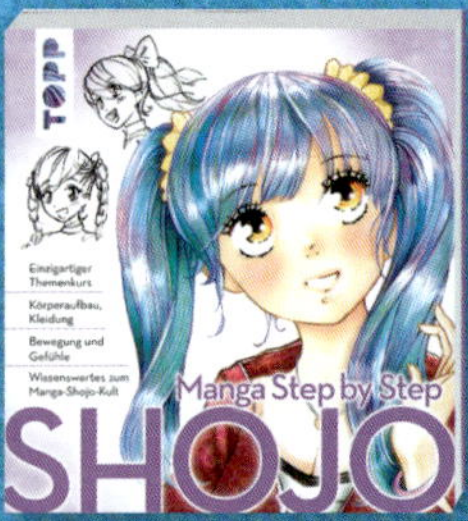

160 S., 21,9 x 23 cm, SC
ISBN 978-3-7724-**8332**-5
€ (D) 16,99

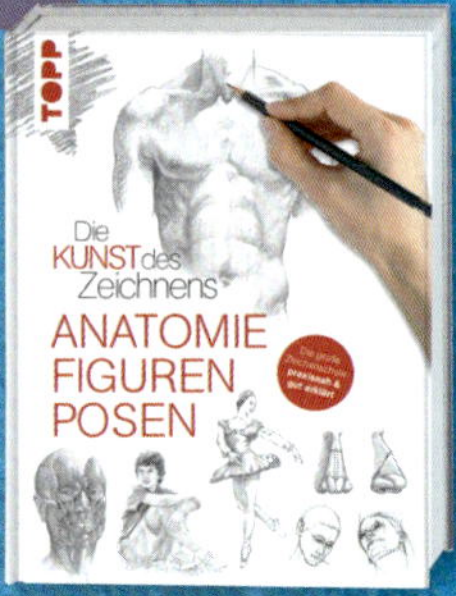

192 S., 23,4x 31,0 cm, HC
ISBN 978-3-7724-**8257**-1
€ (D) 16,99

128 S., 21,5 x 28,5 cm, HC
ISBN 978-3-7724-**8324**-0
€ (D) 22,00

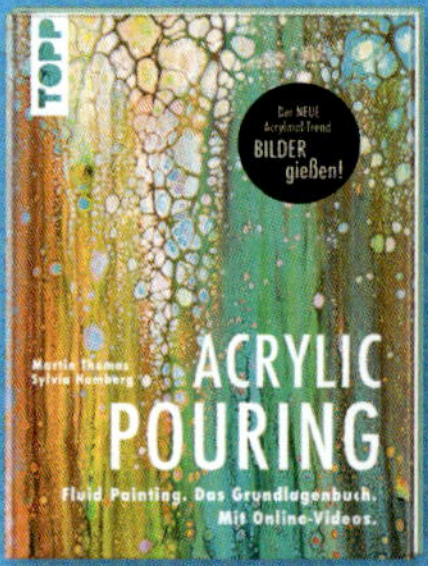

80 S., 21,5 x 28,5 cm, HC
ISBN 978-3-7724-**8347**-9
€ (D) 19,99

Kreatives Backen

176 S., 21,5 x 28,5 cm, HC
ISBN 978-3-7724-**8053**-9
€ (D) 22,00

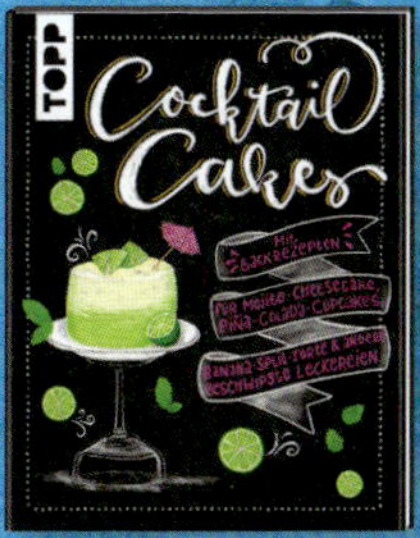

112 S., 19,5 x 25 cm, HC
ISBN 978-3-7724-**8056**-0
€ (D) 16,99

80 S., 19,5 x 25 cm, HC
ISBN 978-3-7724-**8055**-3
€ (D) 13,99

80 S., 19,5 x 25 cm, HC
ISBN 978-3-7724-**8050**-8
€ (D) 13,99

Basteln | Familie

160 S., 21,5 x 28,5 cm, HC
ISBN 978-3-7724-**7542**-9
€ (D) 16,99

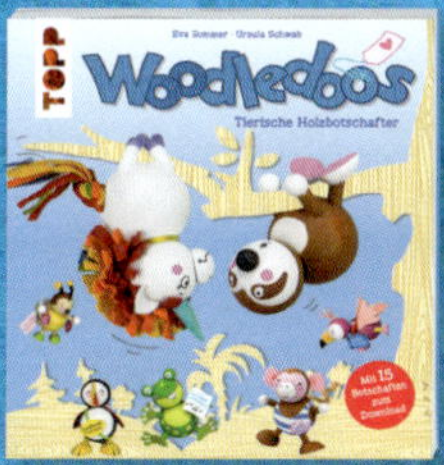

96 S., 21,9 x 23 cm, SC
ISBN 978-3-7724-**7895**-6
€ (D) 15,99

128 S., 20,5 x 26,5 cm, HC
ISBN 978-3-7724-**7829**-1
€ (D) 15,99

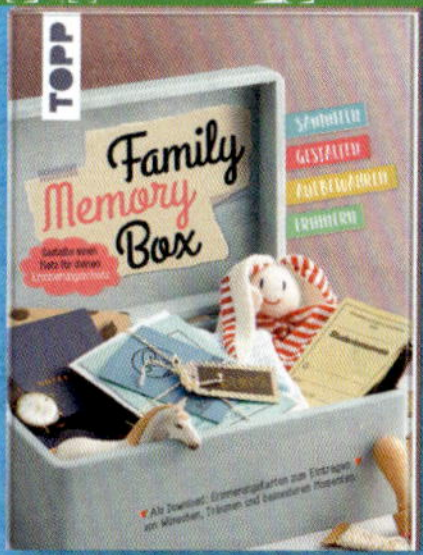

128 S., 21,5 x 28,5 cm, HC
ISBN 978-3-7724-**7898**-7
€ (D) 16,99

KinderKreativ

144 S., 20 x 26,5 cm, HC
ISBN 978-3-7724-**7873**-4
€ (D) 14,99

144 S., 20 x 26,5 cm, HC
ISBN 978-3-7724-**7834**-5
€ (D) 9,99

64 S., 20,5 x 26,5 cm, HC
ISBN 978-3-7724-**7762**-1
€ (D) 10,99

80 S., 20 x 26 cm, SC
ISBN 978-3-7724-**7880**-2
€ (D) 9,99

64 S., 20 x 26,5 cm, HC
ISBN 978-3-7724-**7954**-0
€ (D) 9,99

128 S., 20,5 x 26,5 cm, HC
ISBN 978-3-7724-**7955**-7
€ (D) 9,99

208 S., 21,5 x 28,5 cm, HC
ISBN 978-3-7724-**7836**-9
€ (D) 15,99

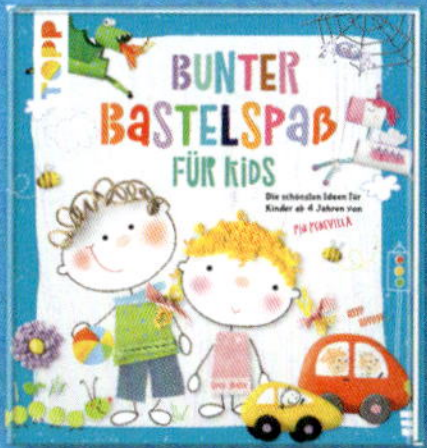

128 S., 22,2 x 23,5 cm, HC
ISBN 978-3-7724-**7875**-8
€ (D) 14,99

Handarbeiten

96 S., 19,5 x 25 cm, HC
ISBN 978-3-7724-**8143**-7
€ (D) 16,99

128 S., 21,5 x 28,5 cm, HC
ISBN 978-3-7724-**8142**-0
€ (D) 22,00

144 S., 21,5 x 28,5 cm, HC
ISBN 978-3-7724-**8145**-1
€ (D) 24,99

112 S., 19,5 x 25 cm, HC
ISBN 978-3-7724-**8146**-8
€ (D) 16,99

128 S., 20,5 x 26,5 cm, HC
ISBN 978-3-7724-**7831**-4
€ (D) 15,99

128 S., 20,5 x 26,5 cm, HC
ISBN 978-3-7724-**7876**-5
€ (D) 16,99

256 S., 21,5 x 28,5 cm, HC
ISBN 978-3-7724-**8151**-2
€ (D) 24,99

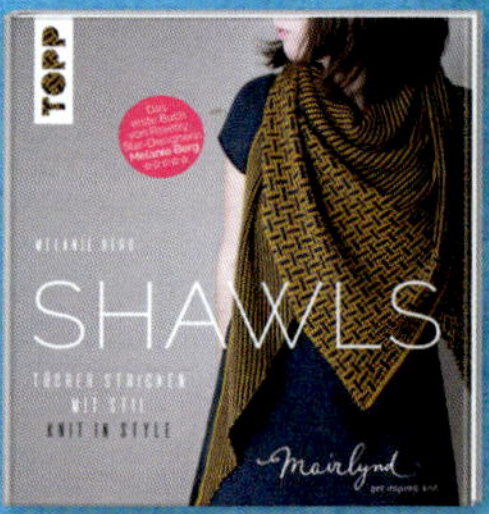

128 S., 22,2 x 23,5 cm, HC
ISBN 978-3-7724-**8140**-6
€ (D) 22,00

352 S., 21,5 x 28,5 cm, HC
ISBN 978-3-7724-**8121**-5
€ (D) 29,99

368 S., 21,5 x 28,5, HC
ISBN 978-3-7724-**6366**-2
€ (D) 29,99

352 S., 21,5 x 28,5 cm, HC
ISBN 978-3-7724-**8122**-2
€ (D) 29,99

320 S., 21,5 x 28,5 cm, HC
ISBN 978-3-7724-**6480**-5
€ (D) 29,99

Monika

ANLEITUNG

1 Die Innentasche gemäß Markierung für den Reißverschluss einschneiden. Die Schnittkanten 1 cm auf links klappen und mit Wondertape auf der linken Stoffseite fixieren. Den kurzen Reißverschluss unter dem Innentaschenteil in der Öffnung mit Wondertape fixieren und von rechts rundherum annähen.

2 Die Nahtzugaben der Innentasche auf links legen, die Innentasche gemäß Markierung auf der rechten Stoffseite des Futterteils der späteren Taschenrückseite mit Stecknadeln fixieren und rundherum knappkantig von rechts aufsteppen.

3 Die Futterteile rechts auf rechts an den Seiten und am Boden zusammennähen, dabei an einer Seite eine 25 cm lange Wendeöffnung lassen. Die Ecken am Boden auseinanderziehen, sodass Seiten- und Bodennaht aufeinanderliegen und ein Dreieck entsteht. Die Ecken 5 cm von der Spitze aus im rechten Winkel zur Seiten- und Bodennaht absteppen. Die abgenähten Ecken auf 1 cm zurückschneiden.

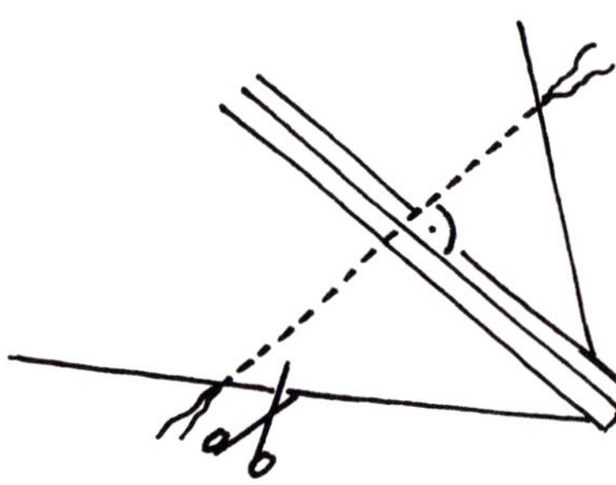

4 Die Teile aus Vlieseinlage 1 gemäß Herstelleranleitung auf die linke Stoffseite der entsprechenden Teile aus Oberstoff 1 und 2 bügeln. Das Rückteil aus Vlieseinlage 2 bündig links auf links mit geradem Stich innerhalb der Nahtzugabe auf dem Rückteil aus Oberstoff 1 fixieren.

5 Die beiden Vorderteile an der Mittelnaht rechts auf rechts zusammennähen, dabei darauf achten, dass die Musterstreifen passgenau aufeinandertreffen.

6 Die Vordertasche aus Futterstoff links auf links entlang der Bruchkante falten und die Kante bügeln. Die Vordertasche gemäß Markierung knappkantig auf die rechte Stoffseite des Vorderteils aus Oberstoff 1 nähen.

7 Die Reißverschlusseinfassungen mittig quer falten, ggf. bügeln. Wieder aufklappen und an der Bruchkante rechts auf rechts auf die Enden des langen Reißverschlusses nähen. Die Einfassungen entlang der Naht wieder links auf links falten.

8 Einen Beleg aus Oberstoff rechts auf rechts bündig auf die Oberkante des Vorderteils legen. Den langen Reißverschluss an der Oberkante ganz zwischen die Lagen schieben, dabei liegt der Zipper auf dem Oberteil. Die Reißverschlusshälfte bis vor die seitlichen Nahtzugaben annähen. Die Naht von rechts knappkantig absteppen. Zwei Löcher für die Nieten (siehe Schritt 15) gemäß Markierung durch Vorderteil und Beleg stanzen.

9 Die drei Halterungen für die D-Ringe der Länge nach rechts auf rechts falten und an der langen Seite zusammennähen. Die Nahtzugabe bis knapp vor die Naht zurückschneiden und die Halterungen wenden. Je eine Halterung durch einen D-Ring fädeln, zur Schlaufe legen und gemäß Markierung an der Ober- bzw. Unterkante des Rückteils auf der rechten Stoffseite jeweils innerhalb der Nahtzugabe mit geradem Stich fixieren.

10 Ein 1,40 m langes Stück Lederriemen für den Rucksackträger zurechtschneiden und gemäß Markierung auf der rechten Stoffseite des Rückteils innerhalb der Nahtzugabe mit geradem Stich fixieren. Am losen Ende des Riemens 10,5 cm und 34 cm vom Ende entfernt jeweils ein passendes Loch für die Kugelkopfnieten stanzen. Auf der Rückseite des Riemens, 1,5 cm vom losen Ende entfernt, eine Kugelkopfniete gemäß Herstelleranleitung anbringen.

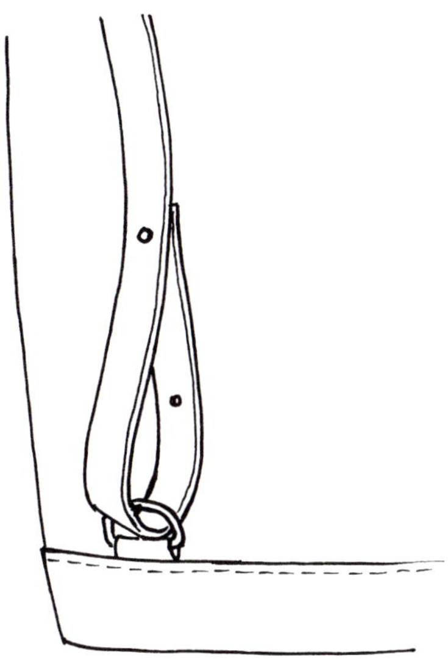

11 Den zweiten Beleg aus Oberstoff rechts auf rechts bündig auf die Oberkante des Rückteils legen. Die noch offene Kante des langen Reißverschlusses mitsamt dem Vorderteil ganz zwischen die Lagen schieben und den Reißverschluss bis vor die seitlichen Nahtzugaben annähen, dabei die Halterungen für die D-Ringe mitfassen. Den Reißverschluss öffnen und die Naht von rechts knappkantig absteppen.

12 Zwei 65 cm lange Stücke Lederriemen zurechtschneiden und jeweils gemäß Markierung knappkantig auf die rechte Stoffseite des Vorderteils steppen, dabei die Seiten der Vordertasche mitfassen. In den linken Riemen 1,5 cm, 5 cm, 18,5 cm und 22,5 cm vom losen Ende entfernt jeweils ein Loch stanzen. Den Riemen gemäß Skizze in Schritt 16 zu einem kurzen Henkel legen und die Positionen der beiden oberen Löcher und die des unteren Lochs auf den rechten Riemen übertragen. Je eine Kugelkopfniete gemäß dieser Markierungen auf der Oberseite des rechten Riemens anbringen.

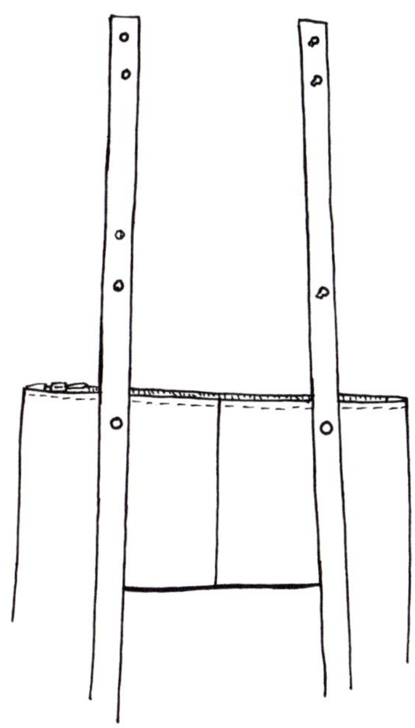

13 Den Boden nacheinander rechts auf rechts mit dem Vorder- und Rückteil aus Oberstoff zusammennähen. Die Nahtzugaben in Richtung Boden legen und von rechts knappkantig am Boden feststeppen. Die Seitennähte schließen. Die Ecken am Boden auseinanderziehen, sodass Seiten- und Bodennaht aufeinanderliegen und ein Dreieck entsteht. Die Ecken 5 cm von der Spitze aus im rechten Winkel zur Seiten- und Bodennaht absteppen. Die abgenähten Ecken auf 1 cm zurückschneiden (Skizze siehe Schritt 3).

14 Die Taschen aus Oberstoff und Futter rechts auf rechts ineinanderschieben und an der Oberkante zusammennähen. Die Tasche wenden. Die Nahtzugaben der Wendeöffnung im Futter einschlagen und die Wendeöffnung von rechts knappkantig mit geradem Stich schließen.

15 Die beiden Nieten am Vorderteil durch die zuvor gestanzten Löcher in Vorderteil/Beleg und Lederriemen gemäß Herstelleranleitung anbringen.

16 Die Kugelkopfnieten des vorderen Lederriemens in die entsprechenden Löcher des anderen Riemens stecken. Den hinteren Lederriemen nacheinander durch die beiden oberen D-Ringe und anschließend von vorn durch den unteren D-Ring fädeln. Den Riemen zur Schlaufe legen und die Kugelkopfniete des hinteren Lederriemens in das untere Loch stecken. Die Tasche können Sie nun als Rucksack tragen. Für die Taschenvariante die Kugelkopfniete in das obere Loch stecken und die Kugelkopfnieten des rechten vorderen Riemens in das obere Loch und die beiden unteren Löcher des linken vorderen Riemens stecken (siehe Skizze).

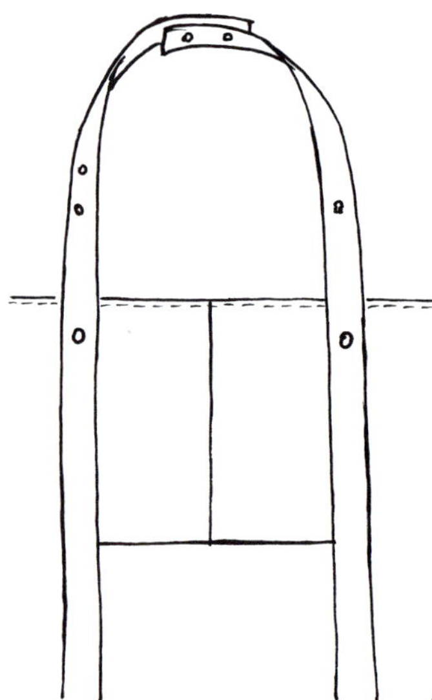

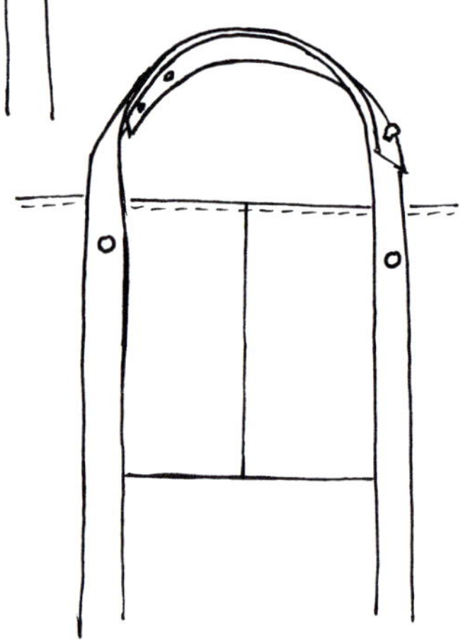

SPIN ME AROUND

Mit angesagter Gürteltasche

SCHWIERIGKEITSGRAD

GRÖSSE
Durchmesser 15,5 cm

SCHNITTMUSTERBOGEN 1A

DER CLOU

Ihre zauberhafte Verwandlung erfährt dieses Modell durch die auswechselbare Kordel und die Handschlaufe. So können Sie sie sowohl als Schulter- oder Crossbody-Tasche als auch mit der Handschlaufe am Handgelenk tragen. Zusätzlich lässt sich das runde Täschchen mit Hilfe der Schlaufen auf der Rückseite am Gürtel befestigen.

MATERIAL

- Oberstoff 1: festes Kunstleder in Hellblau, 140 cm breit, 20 cm
- Oberstoff 2: Velours-Stoff in Gelb, 140 cm breit, 10 cm
- Vlieseinlage: Decovil I Light, 90 cm breit, 10 cm
- Kordel in Natur, ø 7 mm, 1,50 m lang
- Reißverschluss in Gold, 20 cm lang
- 2 D-Ringe, 20 mm breit
- 3 Druckknöpfe, ø 12 mm
- 4 Nieten, ø 7,5 mm, 3-4 mm hoch
- Textilkleber

HINWEIS Anstatt Kunstleder und Velours-Stoff können Sie auch Wachstuch oder Korkstoff verwenden.

ZUSCHNITT

Alle Teile mit 1 cm Nahtzugabe zuschneiden, ausgenommen die Schnittteile, bei denen die Maße angegeben sind.

✂ **Oberstoff 1**

1x Vorderteil
1x Rückteil
2x Kordelhalterung
2x Handschlaufe, 2 cm x 44 cm
2x Einfassung für den Reißverschluss, 3 cm x 3 cm
2x Halterung für die D-Ringe, 2 cm x 6 cm
2x Gürtelhalterung, 2 cm x 8 cm

✂ **Oberstoff 2**

1x Boden
2x Reißverschlussblende

✂ **Vlieseinlage**

1x Boden
2x Reißverschlussblende

ANLEITUNG

Hinweis Für das Nähen von Kunstleder empfiehlt sich die Verwendung eines Teflonnähfußes. Alternativ können Sie die Unterseite eines herkömmlichen Nähmaschinenfußes mit Washitape bekleben oder Sie legen vor dem Nähvorgang Seidenpapier auf die Naht.

1 Die Teile aus Vlieseinlage gemäß Herstelleranleitung auf die entsprechenden Teile aus Oberstoff 2 bügeln.

2 Die beiden Einfassungen für den Reißverschluss links auf rechts auf beide Enden des Reißverschlusses legen und mit geradem Stich fixieren. Die Reißverschlussblenden nacheinander rechts auf rechts an die beiden Reißverschlusshälften inklusive Reißverschlusseinfassungen nähen. Die Nähte von rechts knappkantig absteppen.

3 Die Halterungen für die D-Ringe jeweils in einen D-Ring fädeln und zur Schlaufe legen. Die Schlaufen mittig an den schmalen Kanten des Bodens mit geradem Stich innerhalb der Nahtzugabe fixieren. Den Boden und das Reißverschlussteil an den schmalen Kanten rechts auf rechts zusammennähen, sodass ein Ring entsteht. Die Nähte von rechts knappkantig absteppen.

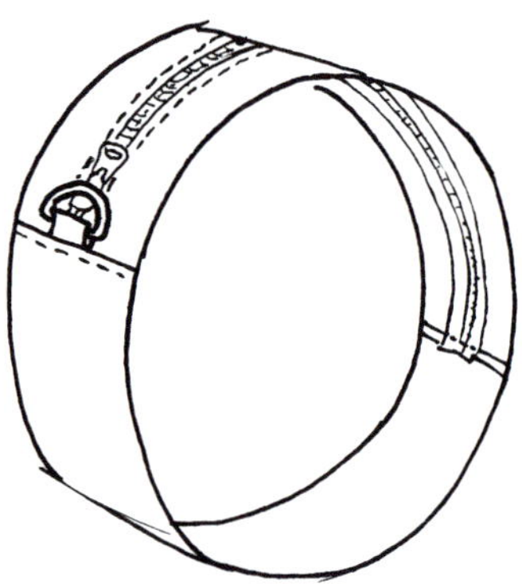

4 Die Gürtelhalterungen gemäß Markierung links auf rechts auf dem Rückteil jeweils mit einer quadratischen Naht festnähen. Mittig je eine Niete gemäß Herstelleranleitung anbringen.

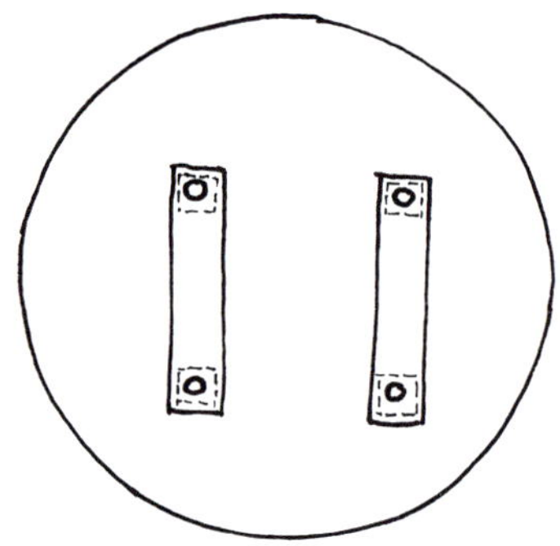

5 Den Reißverschluss zum späteren Wenden 10 cm weit öffnen. Die Nahtzugaben des Rings aus Boden und Reißverschlussteil in gleichmäßigen Abständen 5 mm weit einschneiden. Vorder- und Rückteil nacheinander rechts auf rechts mit Klammern an dem Ring fixieren und annähen. Die Nahtzugaben auf 5 mm zurückschneiden, die Arbeit wenden und die Rundungen ausmodellieren.

6 Je ein Druckknopfunterteil gemäß Markierung und Herstelleranleitung auf der rechten Stoffseite der Kordelhalterungen anbringen. Die Halterungen links auf links falten, je ein Kordelende entlang der Bruchkante zwischen die Lagen schieben und oben, unten und entlang der Bruchkante mit geradem Stich fixieren. Die Lagen der Kordelhalterung mit Textilkleber zusammenkleben. Trocknen lassen. Je

ein Druckknopfoberteil gemäß Markierung so auf der Kordelhalterung anbringen, dass die Oberseite auf derselben Seite wie das Druckknopfunterteil ist. Die Kordelenden jeweils durch einen D-Ring ziehen, zur Schlaufe legen und die Druckknöpfe schließen (siehe Foto S. 103 links).

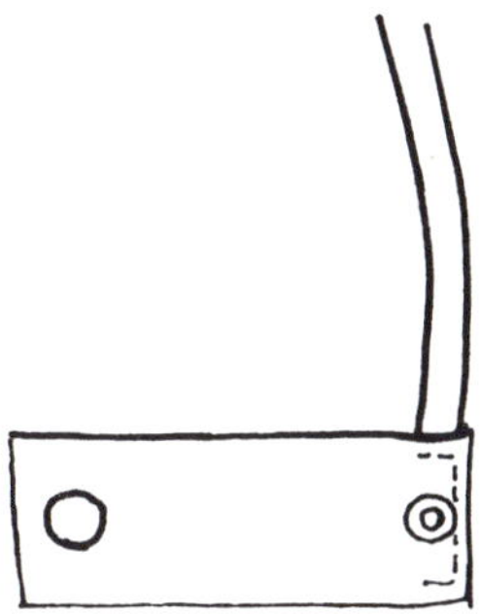

7 Die Handschlaufen-Teile links auf links legen und die beiden Lagen mit Textilkleber zusammenkleben. Trocknen lassen. Das Druckknopfoberteil auf der Unterseite und das Druckknopfunterteil auf der Oberseite der Handschlaufe mittig 1 cm von je einem Schlaufenende entfernt anbringen (siehe Skizze). Den Druckknopf schließen und die Schlaufe doppelt legen. Die Schlaufe 1,5 cm über dem Druckknopf mit geradem Stich zusammensteppen. Die Handschlaufe nach Wunsch an einem der D-Ringe befestigen.

FLOWERS & STRIPES

Die clevere Wendetechnik macht's möglich

SCHWIERIGKEITSGRAD

GRÖSSE
36 cm x 40 cm

SCHNITTMUSTERBOGEN 2B

DER CLOU

Als Wendetasche ist dieses Modell besonders wandlungsfähig. Die blau-weiß gestreifte Seite lässt sich als Totebag und Crossbody-Tasche nutzen. Haken Sie dazu die beiden Taschenringe in die beiden durchgehenden Ösen ein. Auf die hübsche rot gemusterte Seite gewendet, wird das Modell zur Bucketbag oder kann schräg über Schulter und Rücken getragen werden. Haken Sie dazu die Taschenringe in die rechte durchgehende Öse und die Öse in der Gurthalterung im Rücken ein.

MATERIAL

- Oberstoff 1: Canvas in Blau-Weiß gestreift 140 cm breit, 45 cm
- Oberstoff 2: Canvas in Rosa-Rot gemustert, 140 cm breit, 45 cm
- Oberstoff 3: Netzstoff in Weiß, 140 cm breit, 25 cm
- Reißverschluss in Natur, 20 cm lang
- Gurtband in Natur, 25 mm breit, 1,40 m lang
- Gurtband in Rosa, 30 mm breit, 1,40 m lang
- Schrägband in Weiß, 20 mm breit, 22 cm lang
- Kordel in Rot, ø 5 mm, 1 m lang
- Leiterschnalle, 25 mm breit
- 2 Taschenringe, ø 25 mm
- 11 Ösen, ø 8 mm
- 2 Kordelendstücke, ø 5 mm
- 13 Lochverstärker für Druckknöpfe und Ösen (z. B. Wonder Dots)

HINWEIS Anstatt Canvas können Sie auch Wachstuch oder Korkstoff verwenden.

ZUSCHNITT

Alle Teile mit 1 cm Nahtzugabe zuschneiden, ausgenommen die Schnittteile, bei denen die Maße angegeben sind, sowie die Oberkante der Vordertasche aus Oberstoff 3 (diese wird mit Schrägband eingefasst). Beim Zuschnitt von Vorder- und Rückteil aus Oberstoff 1 den Faden- bzw. Streifenlauf beachten.

✂ **Oberstoff 1**

1x Vorderteil

1x Rückteil (im Stoffbruch)

1x Boden

✂ **Oberstoff 2**

1x Vorderteil

1x Rückteil (im Stoffbruch)

1x Boden

1x Vordertasche

1x Gurthalterung, 5 cm x 8 cm

✂ **Oberstoff 3**

1x Vordertasche

ANLEITUNG

1 Die Oberkante der Vordertasche aus Oberstoff 3 mit dem Schrägband einfassen. Die Vordertasche gemäß Markierung bündig auf das Vorderteil aus Oberstoff 1 legen und an den Seiten sowie am Boden mit geradem Stich innerhalb der Nahtzugabe fixieren.

2 Von dem 30 mm breiten Gurtband zwei 70 cm lange Stücke für die Henkel zurechtschneiden. Die Enden jeweils 1 cm umklappen und die Henkel gemäß Markierung jeweils mit rechteckiger Naht und Kreuz auf die rechte Stoffseite von Vorder- und Rückteil aus Oberstoff 1 nähen.

3 Je eine Lochverstärkung auf die Markierungen für die beiden Ösen, die in Oberstoff 1 und 2 angebracht werden, auf die linke Stoffseite des Rückteils aus Oberstoff 1 bügeln.

4 Vorder- und Rückteil aus Oberstoff 1 rechts auf rechts an den Seiten zusammennähen. Zum leichteren Einnähen des runden Taschenbodens die Nahtzugabe an der Unterkante in groben Abständen rundherum 5 mm weit einschneiden. Vorder- und Rückteil rechts auf rechts mit Stecknadeln am Boden aus Oberstoff 1 fixieren und die Teile zusammennähen, dabei die Vordertasche mitfassen.

5 Eine Kante des Reißverschlusses rechts auf rechts an die Oberkante der Vordertasche aus Oberstoff 2 nähen. Die Naht knappkantig von rechts absteppen. Die andere Seite des Reißverschlusses gemäß Markierung rechts auf rechts auf das Vorderteil aus Oberstoff 2 nähen, dabei liegt der Zipper auf dem Vorderteil und das Vordertaschenteil in Richtung Vorderteiloberkante. Die Vordertasche auf das Vorderteil klappen und an den Seiten sowie am Boden mit geradem Stich innerhalb der Nahtzugabe fixieren.

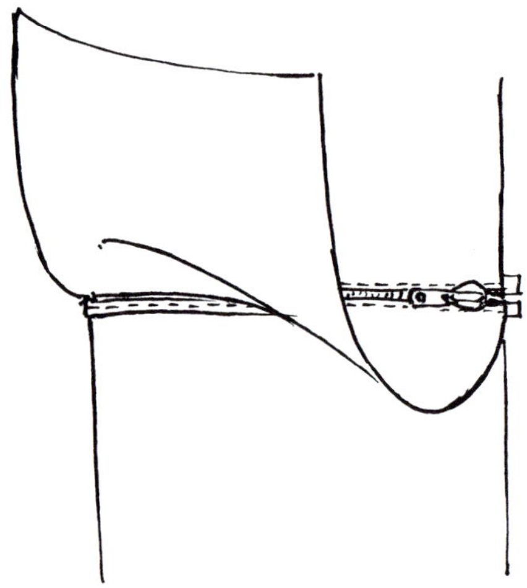

6 Einen Lochverstärker mittig 2,5 cm vom Rand einer schmalen Kante entfernt auf die linke Stoffseite der Gurthalterung aus Oberstoff 2 bügeln. Die Gurthalterung quer rechts auf rechts falten und an den langen Kanten zusammennähen. Die Nahtzugabe auf 3 mm zurückschneiden und den Schlauch wenden. Die Nähte knappkantig von rechts absteppen. Die Gurthalterung auf der rechten Stoffseite des Rückteils aus Oberstoff 2 gemäß Markierung an der Unterkante links innerhalb der Nahtzugabe mit geradem Stich fixieren. In der Gurthalterung mittig eine Öse gemäß Herstelleranleitung anbringen.

7 Zehn Lochverstärker jeweils mittig auf die Markierungen für die Ösen auf die linke Stoffseite von Vorder- und Rückteil aus Oberstoff 2 bügeln. An den acht Markierungen im Vorder- und Rückteil für Ösen, die nur im Oberstoff 2 angebracht werden („Öse"), Ösen von rechts anbringen.

8 Vorder- und Rückteil aus Oberstoff 2 rechts auf rechts an den Seiten zusammennähen. Zum leichteren Einnähen des runden Taschenbodens die Nahtzugabe an der Unterkante in groben Abständen rundherum 5 mm weit einschneiden. Vorder- und Rückteil rechts auf rechts mit Stecknadeln am Boden aus Oberstoff 2 fixieren und die Teile zusammennähen, dabei die Vordertasche und Gurthalterung mitfassen

9 Die Tasche aus Oberstoff 2 rechts auf rechts in die Tasche aus Oberstoff 1 schieben und die beiden Taschenteile an der Oberkante zusammennähen, dabei am Rückteil mittig eine 20 cm lange Wendeöffnung lassen. Die Tasche wenden, die Nahtzugaben der Wendeöffnung einschlagen und die Naht rundherum knappkantig absteppen, dabei die Wendeöffnung schließen. Für den Tunnelzug gemäß Markierung 4 cm von der Oberkante entfernt rundherum von rechts mit geradem Stich eine Naht setzen. Die zwei restlichen Ösen gemäß Markierung („Öse durch Oberstoff 1 und 2") auf der rechten Stoffseite von Oberstoff 2 durch beide Lagen Oberstoff anbringen.

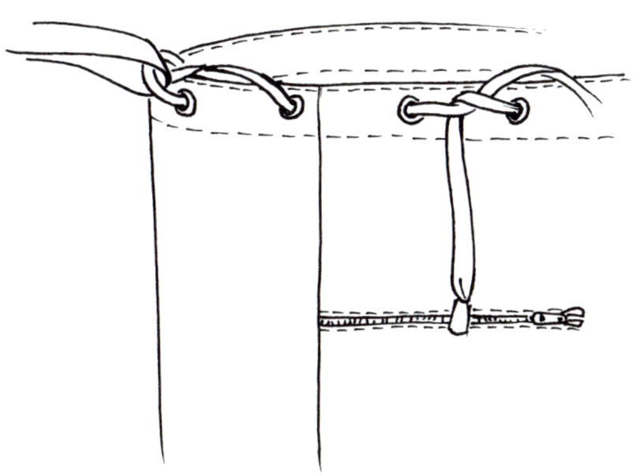

10 Die Kordel durch die acht Ösen im Oberstoff 2 fädeln, die beiden Ösen durch beide Lagen Oberstoff dabei übergehen. Je ein Ende der Kordel in ein Kordelendstück fädeln, die Enden verknoten und kürzen.

11 Für den Schultergurt die Leiterschnalle auf das 25 mm breite Stück Gurtband schieben. Ein Gurtbandende 5 cm weit in einen Taschenring fädeln und zur Schlaufe legen. Das Schlaufenende nochmals 1 cm umklappen und die Schlaufe mit geradem Stich annähen. Das andere Gurtbandende in den zweiten Taschenring fädeln, von unten um den Mittelsteg der Leiterschnalle legen, 1 cm umklappen und mit geradem Stich annähen. Die Taschenringe je nach Verwendung der Tasche in die Ösen bzw. die Gurthalterung einhaken.

BUCH EMPFEHLUNGEN FÜR SIE

ISBN 978-3-7724-8123-9

ISBN 978-3-7724-8148-2

ISBN 978-3-7724-8106-2

ISBN 978-3-7724-6975-6

ISBN 978-3-7724-8179-6

ISBN 978-3-7724-6404-1

Weitere Ideen zum Selbermachen gesucht?

*Lieblingsstücke von einfach bis einfach genial finden Sie bei TOPP!
Lassen Sie sich auf unserer Verlagswebsite, per Newsletter
oder in den sozialen Netzwerken von unserer Vielfalt inspirieren!*

Website

Verlockend: Welcher Kreativratgeber soll es für Sie sein? Schauen Sie doch auf **www.TOPP-kreativ.de** vorbei & stöbern Sie durch die neusten Hits der Saison!

TOPP-Autoren

Sie wollen wissen, wer die „Macher" unserer Bücher sind? Wer Ihnen nützliche Tipps & Tricks gibt? Auf **www.TOPP-kreativ.de/Autor** warten jede Menge spannender Infos zum jeweiligen Autor auf Sie. Finden Sie heraus, welches Gesicht hinter Ihrem Lieblingsbuch steckt!

Facebook

Werden Sie Teil unserer Community & erhalten Sie brandaktuelle Informationen rund ums Handarbeiten auf **www.Facebook.com/Mitstrickzentrale**
Wer sich für Basteln, Bauen, Verzieren & Dekorieren interessiert, ist auf **www.Facebook.com/Bastelzentrale** genau richtig!

Pinterest

Sie sind auf der Jagd nach den neusten Trends? Sie suchen die besten Kniffe? Die schönsten DIY-Ideen? All' das & noch vieles mehr gibt es von TOPP auf **www.Pinterest.de/Frechverlag**

Newsletter

Bunt, fröhlich & überraschend: Das ist der TOPP-Newsletter! Melden Sie sich unter: **www. TOPP-kreativ.de/Newsletter** an & wir halten Sie regelmäßig mit Tipps & Inspirationen über Ihr Lieblingshobby auf dem Laufenden!

Extras zum Download in der Digitalen Bibliothek

Viele unserer Bücher enthalten digitale Extras: Tutorial-Videos, Vorlagen zum Downloaden, Printables & vieles mehr. Dieses Buch auch? Dann schauen Sie im Impressum des Buches nach. Sofern ein Freischaltcode dort abgebildet ist, geben Sie diesen unter **www.TOPP-kreativ.de/DigiBib** ein. Nach erfolgreicher Registrierung erhalten Sie Zugang zur digitalen Bibliothek & können sofort loslegen.

YouTube

Sie wollen eine ganz neue Technik ausprobieren? Sie arbeiten an einem spannenden Projekt, aber wissen nicht weiter? Unsere Tutorials, Werbetrailer, Interviews & Making Of's auf **www.YouTube.com/Frechverlag** helfen Ihnen garantiert dabei, den passenden Ratgeber von TOPP zu finden.

Instagram

Sie sind auf Instagram unterwegs? Super, TOPP auch. Folgen Sie uns! Sie finden uns auf **www.Instagram.com/Frechverlag**
Möchten Sie uns an Ihrem Lieblingsprojekt teilhaben lassen? Am besten posten Sie gleich ein Foto mit dem Hashtag **#frechverlag** & wir stellen Ihr Werk gerne unserer Community vor – yeah!

Alles in einer Hand gibt's hier:

Kreativ-Bücher finden Sie auf www.TOPP-kreativ.de

Über Sandra Bienek und Ina Thelen:

Wir sind begeisterte Selbermacherinnen aus Berlin und seit vier Jahren Kolleginnen im Verkauf eines Geschäfts für Bastelbedarf mit umfangreicher Stoffabteilung. Mitte 2016 entschieden wir uns, unter dem Label **sain** gemeinsam schöne Dinge für den Alltag zu entwerfen. Als Team aus Architektin und Modedesignerin haben wir dabei einen ganz eigenen Stil entwickelt, der auf einem ausgewählten Mix von Farben, Formen und Materialien ohne viel Schnickschnack und bunten Mustern basiert. Geschickt eingearbeitete Details runden das Ganze ab. Weitere Projekte finden Sie auf Instagram und auf unserem Blog sainodernichtsain.de. Hier teilen wir unser kreatives Chaos in den Schaffensphasen und die namensgebenden bodenständigen Endergebnisse mit Ihnen.

Wir danken den folgenden Firmen für die freundliche Unterstützung: Swafing GmbH (www.swafing.de), Rico Design GmbH & Co. KG (www.rico-design.de), Prym Consumer Europe GmbH (www.prym.com/de)

FOTOS: frechverlag GmbH, 70499 Stuttgart; lichtpunkt, Michael Ruder, Stuttgart
ILLUSTRATIONEN: Sandra Bienek und Ina Thelen
PRODUKTMANAGEMENT: Lisa-Marie Weigel
LEKTORAT: Christine Schlitt, Worms
GESTALTUNG: Konstanze Laue
DRUCK: Neografia, Slowakei

1. Auflage 2018

ISBN 978-3-7724-8146-8 • Best.-Nr. 8146

Hilfestellung zu allen Fragen, die Anleitungen, Materialien und Kreativbücher betreffen: Frau Erika Noll berät Sie. Rufen Sie an: 05052/911858*

*normale Telefongebühren